Rafael Hüntelmann

Grundkurs Philosophie V

Die Existenz Gottes

editiones scholasticae

Reihe
Philosophie des gesunden Menschenverstandes

Band 5

Rafael Hüntelmann

Grundkurs Philosophie V

Die Existenz Gottes

editiones scholasticae

Bibliographic information published by Deutsche Nationalbibliothek
The Deutsche Nationalbibliothek lists this publication in the Deutsche Nationalbibliographie; detailed bibliographic data is available in the Internet at http://dnb.ddb.de

53819 Neunkirchen-Seelscheid
www.editiones-scholasticae.de

ISBN 978-3-86838-569-4

2016

Printed on acid-free paper

Printed in Germany
by Strauss GmbH, Mörlenbach

Vorwort zur Schriftenreihe

Philosophie des gesunden Menschenverstandes

> „Seitdem im 16. Jahrhundert die Neuzeit begonnen hat, steht kein einziges philosophisches Weltbild irgendeines Philosophen mehr wahrhaft im Zusammenhang mit der Anschauung irgendeines Menschen von der Wirklichkeit, mit dem, was der gewöhnliche Mensch, wenn man ihn sich selbst überließe, den gesunden Menschenverstand nennen würde. Jedes dieser Systeme ging von einem Paradox aus, von einem besonderen Gesichtspunkt, der jeweils das Opfer einer gesunden Anschauung erfordert."
>
> *Gilbert Keith Chesterton*

Dies ist die fünfte Schrift der Reihe *Philosophie des gesunden Menschenverstandes*. Wir verstehen darunter die Philosophie, die die meisten Menschen schon irgendwie implizit besitzen, die sie allerdings nicht explizit ausdrücken können. In dieser Reihe werden wir in verschiedenen kleinen Schriften versuchen, diese Philosophie des gesunden Menschenverstandes explizit zu machen. Die kleinen Schriften dieser Reihe führen in verschiedene zentrale Themen der Philosophie auf systematische, nicht historische Weise ein und sollen den Leser zum selbstständigen Weiterdenken anregen. Ich bin der Auffassung, dass die aristotelisch-scholastische Philosophie am ehesten unseren alltäglichen Intuitionen entspricht und deshalb auch zu Recht häufig als *Philosophie des gesunden Menschenverstandes* bezeichnet wurde. Ich werde aber keine historische philosophische Position darstellen und deshalb auch nicht ständig darauf Bezug nehmen, obgleich das Meiste auf die aristotelische Scholastik zurückgeht, besonders auf Thomas von Aquin und die Neuscholastik. In der Philosophie geht es um die Sache und um die Wahrheit, nicht um historische Richtigkeit. Sollte eine philosophische Theorie der Vergangenheit wahr sein, dann ist es gleichgültig, wie alt sie ist. Es geht dann darum, diese Theorie argumentativ gegen moderne Einwände zu verteidigen, sofern dies möglich ist. Thomas von Aquin hat dies selbst sehr treffend ausgedrückt, als er schrieb, dass es beim

Studium der Philosophie nicht darum gehe zu wissen, was bestimmte Individuen dachten, sondern darum, wie die Dinge sind.

Diese Schriftenreihe wendet sich zuerst an philosophisch interessierte Laien und im Weiteren an Studierende im Grundstudium der Philosophie oder anderer Geisteswissenschaften. In den vergangenen Jahrzehnten, in denen die Philosophie wieder auf größeres Interesse stieß, wurden zahlreiche Einführungen in die Philosophie publiziert, die entweder einen Überblick über die verschiedenen philosophischen Systeme der Vergangenheit geben oder in systematischer Weise, also problem- und sachorientiert, in das philosophische Denken einführen. Diese Einführungen sind oftmals sehr hilfreich und lesenswert. Allerdings ist uns keine einzige Einführung in deutscher Sprache bekannt, die auf der Grundlage der aristotelisch-scholastischen Philosophie und in systematischer Weise in philosophische Grundfragen einführt. Deshalb glauben wir, dass wir mit unserer Schriftenreihe eine Lücke füllen.

Es gibt natürlich verschiedene Gründe, warum diese Philosophie seit langem kaum noch Beachtung findet. So meint man, diese Art der Philosophie habe uns heute nichts mehr zu sagen, sie sei überholt. Hinzu kommt eine nicht selten vorhandene grundsätzliche Ablehnung der mittelalterlichen Philosophie, die man als stark weltanschaulich orientiert betrachtet, ohne offenbar zu bemerken, dass die moderne Philosophie oft erheblich stärker weltanschaulich ausgerichtet ist. Dies wird schon daran erkennbar, dass die moderne Philosophie fast durchweg unseren gewöhnlichen Intuitionen deutlich widerspricht, wie auch Chesterton in dem von mir einleitend angeführten Zitat feststellt. Im angelsächsischen Raum, wo der sogenannte gesunde Menschenverstand oder der *common sense* immer schon stärkeren Einfluss, nicht nur auf die Philosophie, ausgeübt hat, gibt es seit einigen Jahren wieder eine verstärkte Hinwendung zur aristotelisch-scholastischen Philosophie. Und hier zeigt sich, dass diese Philosophie zu den heute meistdiskutierten philosophischen Problemen und Fragen einen Beitrag leisten kann und in vielen Fällen Antworten bietet, die denen der vorherrschenden philosophischen Strömung der Gegenwart, der analytischen Philosophie, zumindest ebenbürtig sind. In den Schriften dieser

Reihe werde ich immer wieder auf Theorien der Gegenwartsphilosophie eingehen und sie vor dem Hintergrund der *Philosophie des gesunden Menschenverstandes* diskutieren.

Inhalt

Die Existenz Gottes

Einleitung

Schon vor einigen Jahrzehnten haben sich vor allem im angelsächsischen Raum zahlreiche Philosophinnen und Philosophen der Religionsphilosophie zugewandt. Der Großteil dieser Philosophen gehört der analytischen Philosophie an. Dabei wird versucht, die Frage nach der Existenz Gottes, aber auch viele andere Fragen, wie nach der Rationalität des religiösen Glaubens, auf mehr oder weniger neue Art und Weise zu stellen und mit den Methoden der analytischen Philosophie zu beantworten. Zum Teil sind die Ergebnisse dieser Bemühungen wirklich interessant, neuartig und erfrischend. Wie oft, gerade in der angelsächsischen Philosophie, werden dabei frühere und besonders mittelalterliche und antike Ansätze zur natürlichen Theologie weitgehend ignoriert. In den meisten Fällen dürfte dies daran liegen, dass diese Positionen, insbesondere von Thomas von Aquin und anderen Scholastikern des Mittelalters, bei systematischen Philosophen weitgehend unbekannt sind. Doch auch hier hat sich in den vergangenen zehn Jahren einiges getan. Norman Kretzmann, Eleonore Stump, Brian Davies, Edward Feser, um nur einige zu nennen, haben weit verbreitete Studien veröffentlicht, die insbesondere die Gottesbeweise Thomas von Aquins vorstellen und gegen bekannte Einwände verteidigen.

Leider muss ich auch hier wieder mein Bedauern über die Situation in Deutschland ausdrücken, denn etwas Vergleichbares gibt es im deutschsprachigen Raum bisher nicht. Erfreulicherweise sind einige der wichtigsten Arbeiten zur neueren Religionsphilosophie ins Deutsche übersetzt worden, und vor allem die Arbeiten von Richard Swinburne haben auch hier einen größeren Leserkreis gefunden. Für Arbeiten zur natürlichen Theologie Thomas von Aquins trifft dies aber leider nicht zu.

Der Aufschwung der Religionsphilosophie im angelsächsischen Raum konnte natürlich nicht über längere Zeit von Kritik verschont bleiben. So entstanden vor allem in England, aber auch in den USA die sogenannten „Neuen Atheisten“ mit Namen wie Richard Dawkins und Daniel Dennett. Neu an diesen Atheisten ist allerdings vor allem ihre Aggressivität. Inhaltlich haben sie kaum neue Argumente vorgetragen.

Die Schriften dieser Neuen Atheisten haben in Deutschland hohe Auflagen erreicht, ganz im Unterschied zu Schriften zur neueren analytischen Religionsphilosophie. Nach Widerlegungen der zumeist altbekannten Argumente der Atheisten muss man im deutschen Sprachraum lange suchen und wer dabei auf Theologen hofft, der wird besonders schwer enttäuscht. Viele deutsche Theologen sind bessere Atheisten als die Neuen Atheisten und akzeptieren oftmals deren Voraussetzungen.

Die vorliegende Schrift versucht, dem Mangel an klassischen thomistischen Argumenten für die Existenz Gottes ein wenig abzuhelfen. Ich werde die sogenannten „fünf Wege“ Thomas von Aquins allgemeinverständlich vorstellen und die wichtigsten Gegenargumente aufgreifen und zurückweisen. Zusätzlich werden neuere Gottesbeweise vorgestellt, mit den „fünf Wegen“ verglichen und kritisch untersucht. Da die wichtigsten Argumente gegen die Existenz Gottes – auch die Argumente der Neuen Atheisten – oft Bezug nehmen auf das Leid in der Welt, das nicht mit einem gütigen Gott vereinbar sein soll, habe ich das letzte Kapitel des Buches dem Theodizee-Problem gewidmet. Ich hoffe, mit dieser Schrift nicht nur ein größeres Publikum zu erreichen, sondern insbesondere die sehr weit verbreiteten Missverständnisse bei der Interpretation der fünf Argumente Thomas von Aquins für die Existenz Gottes ausräumen zu können.

I. Natürliche Theologie

Was ist natürliche Theologie?

Lässt sich mit Hilfe unseres begrenzten menschlichen Verstandes überhaupt die Frage beantworten, ob es einen Gott gibt? Oder ist die Existenz Gottes vielleicht für uns sogar so offensichtlich, dass man Gott gar nicht beweisen muss, wie einige Philosophen und Theologen meinten? Die natürliche Theologie fragt, im Unterschied zur christlichen oder jüdischen oder islamischen Theologie, die sich auf eine Offenbarung beziehen, ob und, wenn ja, wie man Gott erkennen kann. Die natürliche oder rationale Theologie versucht allein auf der Grundlage unserer rationalen Fähigkeiten und ohne Bezugnahme auf eine Offenbarung die Existenz und die Eigenschaften Gottes zu erkennen. Dadurch unterscheidet sich die rationale Theologie von der Theologie im eigentlichen Sinne, wie sie z.B. an theologischen Fakultäten betrieben wird. Die Theologie setzt die Existenz Gottes und eine Offenbarung Gottes voraus. Allerdings gilt dies oftmals nicht mehr von der modernen liberalen oder modernistischen Theologie, von der einige meinen, dass sie das sicherste Mittel sei, um den Glauben an Gott zu verlieren. Wir werden im Folgenden nur gelegentlich auf die Theologie im engeren Sinne Bezug nehmen, schon allein deshalb, weil diese moderne Theologie kaum etwas zu unseren Fragestellungen beiträgt und weil sie sich – ganz gleich ob katholische oder evangelische Theologie – sehr weit von der scholastischen Theologie entfernt hat, die bis Mitte des 20. Jahrhunderts in der katholischen Theologie noch bestimmend war.

Man kann die Frage stellen, ob der Begriff „rational“ in „rationale Theologie“ überhaupt sinnvoll ist. Das heißt, man könnte behaupten, dass Theologie, ganz gleich in welcher Form, nicht rational sei, sondern aus anderen Quellen entspringe, z.B. aus den Gefühlen der Menschen. Damit stellt sich die Frage nach dem, was denn überhaupt „rational" ist. Der Begriff ist sehr schwer definierbar, doch ich glaube, dass man ganz allgemein sagen kann, dass etwas rational ist, wenn es auf logisch nachvollziehbaren Argumenten beruht, auf Prämissen, die von den allermeisten Menschen verstanden werden und aus denen sich dann bestimmte Schlüsse ergeben. Holm Tetens (2015, 8) nennt einige Kriterien für die Vernünftigkeit des Glaubens, die allerdings einen szientistischen Hintergrund verraten. So schreibt er, dass Argumente und Thesen einer rationalen Theologie „keinen anerkannten Ergebnissen der Wissenschaften (...) widersprechen" dürfen – wodurch die Wissenschaften zum Kriterium der Rationalität erklärt werden. Allerdings würde auch ich grundsätzlich zustimmen, dass die Argumente der natürlichen Theologie nicht den anerkannten Ergebnissen der Wissenschaft widersprechen dürfen, doch ohne damit zu behaupten, dass die Wissenschaften das Muster der Rationalität seien. Holm Tetens geht aber noch weiter, indem er „jedem Wunderglauben eine Absage" (8) erteilt, und dies mit Verweis auf David Humes „transzendentale[s] Argument", das ein bestimmtes Verständnis des Begriffs „Wunder" voraussetzt, das von der scholastischen Philosophie nicht akzeptiert wird. Hume meint, dass Wunder Naturgesetze verletzen und, da dies nicht möglich ist, es keine Wunder geben könne, denn es könnte sein, „dass wir das Ereignis fehlerhaft oder unvollständig beobachtet haben oder es bisher unbekannte Kausalfaktoren gibt, die sich am Ende doch unter ein Naturgesetz subsumieren lassen". (8) Ich werde später auf das Problem der Wunder kurz zurückkommen. Jedenfalls sind die von Tetens genannten Kriterien der Rationalität nicht ohne weiteres zu akzeptieren. Zudem weist er auch die klassischen Gottesbeweise, wie wir sie in diesem Buch vorstellen wollen, zurück. Die Argumente für diese Zurückweisung werden nicht genannt. Tetens verweist dazu nur auf eine Schrift des Regensburger Philosophen Franz von Kutschera (1990, 16–42). Auf die dort genannten Argumente, insbesondere gegen die thomistischen Gottesbeweise, werde ich später ebenfalls zurückkommen.

Winfried Löffler hat in seiner „Einführung in die Religionsphilosophie" (²2013, 46ff.) zwischen Argumenten für die theoretische und die praktische Vernünftigkeit für den Glauben an Gott unterschieden und insgesamt sieben Arten solcher Argumente aufgezählt. Die Unterscheidung zwischen theoretischer und praktischer Vernunft ist eine Unterscheidung, die für die Philosophie grundlegend ist, die ich hier aber nicht weiter erläutern kann. Argumente für die praktische Vernünftigkeit des Glaubens an Gott sind nach Löffler z.B. die jenseitige oder auch diesseitige Nützlichkeit der Religion. So gibt es Untersuchungen, die nachweisen, dass religiöse Menschen weniger krank sind als nichtreligiöse Menschen oder dass sie eher bereit sind, sich gesellschaftlich zu engagieren, oder seltener Gewalt anwenden usw. (diese Untersuchungen beziehen sich auf Christen). Dies wären dann praktische Gründe dafür, an einen Gott zu glauben.

Ich werde mich im Weiteren auf die theoretischen Gründe für den Glauben an Gott beziehen. Allerdings ist dies nicht richtig formuliert: Es geht mir nicht darum zu begründen, dass der *Glaube* an Gott gerechtfertigt werden kann, sondern darum zu beweisen oder zu begründen, dass es einen Gott gibt und was für ein Wesen dieser Gott ist. An den „Gott der Philosophen", wie er gelegentlich und meist abwertend bezeichnet wird, muss man nicht glauben, denn seine Existenz und seine Eigenschaften werden „demonstriert". Man kann natürlich diese Begründungen zurückweisen, doch dies muss mit anderen Argumenten geschehen und insbesondere dadurch, dass man die Prämissen der Argumente für die Existenz Gottes widerlegt. Dass sich Gott dem Menschen geoffenbart hat, durch Propheten oder dadurch, dass Gott selbst Mensch geworden ist, kann man nur glauben, und dieser Glaube hat sein Fundament primär in der Autorität desjenigen oder derjenigen, die diese Offenbarung uns überliefern. Selbstverständlich werden die meisten gläubigen Menschen, wenn man sie fragt, warum sie an Gott glauben, auch bestimmte Argumente für ihren Glauben nennen können (zumindest kann man das erwarten). Man kann dann Gründe anführen, die diesen Glauben an den sich offenbarenden Gott als vernünftig aufweisen, obwohl ein Gläubiger zur Rechtfertigung seines Glaubens durchaus auf diese Gottesbeweise verweisen kann. Uns geht es in diesem Buch vor allem um die Beweise für die Existenz Gottes, und dies ist der primäre Gegenstand der natürlichen Theologie. Aus den Beweisen kann man bestimmte Schlussfolgerungen bezüglich der Eigenschaften Gottes ziehen. Auch dies gehört zur natürlichen Theologie.

Wozu natürliche Theologie?

Nun könnte ein tiefgläubiger Mensch die Frage stellen, wozu man denn die Existenz und die Eigenschaften Gottes beweisen solle, wo es doch eine Offenbarung gibt. Kein Mensch, so der Gläubige, kommt durch Gottesbeweise zum Glauben an Gott, sondern der Glaube beruht nicht auf solchen Beweisen, sondern allenfalls auf Beweisen für die Zuverlässigkeit der Offenbarung. Daher wäre es sinnvoller, z.B. zu überprüfen, wie zuverlässig die Berichte über Jesus in den Evangelien sind oder ob die über Jesus berichteten außerordentlichen Wunder zuverlässige Berichte sind. Solche Einwände gegen die natürliche Theologie sind nicht aus der Luft gegriffen, sondern finden sich gelegentlich bei evangelikalen Christen.

Dazu ist zunächst zu sagen, dass es durchaus der Fall ist, dass Menschen durch rationale Argumente für die Existenz Gottes einen Weg zur Religion finden. Zweifellos spielen für die Annahme einer Religion auch verschiedene andere Faktoren eine Rolle, wie die elterliche Erziehung, der Freundeskreis, persönliche Krisen und anderes mehr. Zudem ist es auch nicht die primäre Aufgabe der natürlichen Theologie, den Menschen einen Weg zum religiösen Glauben zu ebnen; dies ist allenfalls ein Nebeneffekt. Freilich kann die natürliche Theologie auch den religiösen Glauben vertiefen und klären und kann insofern auch eine Hilfe zum Glauben sein. Wie auch bei anderen philosophischen Fragen ist aber der Nutzen sekundär. Die Frage selbst ist von höchstem Interesse für die Erkenntnis auch zahlreicher anderer Fragen. Nicht umsonst nannte Aristoteles die natürliche Theologie den Höhepunkt der Philosophie.

Wenn ich sagte, dass die natürliche Theologie den religiösen Glauben vertiefen und klären kann, dann wollte ich damit auf einen anderen wichtigen Punkt hinweisen. Die natürliche Theologie, wenn sie ihre Aufgabe wirklich ernsthaft und genau durchführt, kann der Offenbarung nicht grundsätzlich widersprechen. Man kann dasselbe auch umgekehrt sagen: Die Offenbarung kann nicht der natürlichen Theologie widersprechen und sie sollte ihr auch nicht widersprechen. Wenn es tatsächlich bei einer bestimmten Offenbarung bzw. an einem bestimmten Punkt einer Offenbarung zu Widersprüchen zur natürlichen Theologie kommt, kann es sich nicht um eine wirkliche Offenbarung handeln. Dies ist in der Tat eine gewagte und weitreichende Behauptung, doch ich glaube, dass sie gerechtfertigt ist. Sie werden beim Lesen dieses Buches bestimmte Einsichten in die Existenz und das Wesen Gottes gewinnen, die natürlich in ihrem Umfang und Inhalt sehr weit hinter dem zurückbleiben, was die verschiedenen Offenbarungen von Gott sagen. Im Vergleich zu den Inhalten der Offenbarungsreligionen sind die Erkenntnisse der natürlichen Theologie eher formaler Natur. Doch wenn wir aufgrund rationaler Überlegungen zu der Einsicht kommen, dass es nur einen Gott und nicht mehrere Götter geben kann und dass dieser eine Gott allmächtig ist, dann kann man damit von bestimmten Religionen, die diesen Erkenntnissen widersprechen, sagen, dass sie nicht wahr sein können.

Ein weiterer Einwand gegen die natürliche Theologie, der von einer anderen Seite kommt, behauptet, dass man die Existenz und Natur Gottes nicht beweisen könne. Diese Auffassung, die als Agnostizismus bezeichnet wird (a-*gnoein* = un-erkennbar, Unwissen), ist heute sehr weit verbreitet. In Deutschland ist besonders der an Immanuel Kant (1724–1804) orientierte Agnostizismus weit verbreitet. Aber auch ein Atheist wird behaupten, dass Gott nicht bewiesen werden könne, weil es ihn gar nicht gebe und der Glaube an einen Gott mehr etwas mit Gefühlen und Stimmungen zu tun habe als mit Rationalität.

Da ich später wieder auf diese Einwände zurückkommen werde, will ich sie hier nur kurz andeuten. Nach David Hume und Kant beruhen alle unsere Erkenntnisse ausschließlich auf Sinnesdaten (Kant geht einen Schritt weiter, bleibt aber in den Grundlagen dieser Auffassung treu). Da nun Gott nicht sinnlich gegeben ist, kann er auch nicht erkannt werden. Selbst wenn es einen Gott geben sollte, werden wir nie etwas darüber wissen können. Kant hält die Annahme eines Gottes, im Unterschied zu David Hume, grundsätzlich für sinnvoll, allerdings nur aus praktischen Gründen in Bezug auf das Moralgesetz.

Ist natürliche Theologie möglich?

Aus dem Gesagten ergibt sich die Frage, ob eine natürliche, allein auf den Vermögen unseres Verstandes gegründete Theologie überhaupt möglich ist. Wie wir gelesen haben, wird dies von Kant und Hume bezweifelt. Doch sie sind nicht die Einzigen. Im Gegenteil: ich vermute, dass nahezu die Hälfte aller Menschen in der sogenannten westlichen Welt die Möglichkeit einer natürlichen Theologie in Frage stellen würden, wenn allerdings auch zumeist, ohne dies wirklich begründen zu können.

Verantwortlich für diese Haltung ist ein heute weit verbreiteter Naturalismus, der von vornherein davon ausgeht, dass es in der Wirklichkeit nichts anderes gebe als die natürlichen Kräfte, die von der Wissenschaft beschrieben werden können, und nichts darüber hinaus. Der Naturalist Ansgar Beckermann hat in wenigen Worten die naturalistische Auffassung zusammengefasst:

> 1. Die gesamte Realität besteht nur aus natürlichen Dingen; in der Realität gibt es weder Götter noch Geister noch Seelen noch andere übernatürliche Mächte und Kräfte. 2. Philosophie und Wissenschaft gehören enger zusammen, als gemeinhin angenommen wird; letztlich sind es die Wissenschaften, die uns sagen, was es in der Welt gibt und wie das, was es gibt, beschaffen ist. (2012, 6)

Bei einer solchen weltanschaulichen Voraussetzung, die selbst nicht weiter begründet werden kann, ist selbstverständlich kein Platz für eine natürliche Theologie oder für „Gottesbeweise". Im Hintergrund dieser Weltanschauung steht der Szientismus, die Auffassung, die Beckermann unter (2) im obigen Zitat gut zusammenfasst. In seinem letzten Buch, *Scholastic Metaphysics* (2014), hat der amerikanische Philosoph Edward Feser diese Weltanschauung grundsätzlich untersucht und kritisch betrachtet. Er hat dabei herausgearbeitet, dass der Szientismus und Naturalismus vor einem Dilemma steht, das er nicht zu lösen vermag. Feser zeigt, dass die Methode der Naturwissenschaft auf verschiedenen philosophischen Voraussetzungen beruht, z.B. auf der Voraussetzung der Existenz einer objektiven Wirklichkeit, die unabhängig von unserem Verstand existiert. Oder der Voraussetzung, dass diese Welt von Gesetzen beherrscht wird, die durch die Wissenschaften erkannt werden können, oder auch, dass der menschliche Verstand und der Wahrnehmungsapparat unserer Sinne in der Lage sind, diese Gesetzmäßigkeiten zu erkennen und zu beschreiben. Die Naturwissenschaften und ihre Methoden setzen diese Dinge voraus und sie sind nicht selbst in der Lage, diese Voraussetzungen mit ihren eigenen Methoden zu beweisen. Dazu ist ein Gesichtspunkt erforderlich, der außerhalb des naturwissenschaftlichen Gesichtspunkts liegt. Somit stimmt die Behauptung der Szientisten nicht, dass die naturwissenschaftliche Methode die einzige sei, die wirklich sichere und zuverlässige Erkenntnisse hervorbringt.

Dieser „außerwissenschaftliche" Gesichtspunkt ist der Gesichtspunkt der Philosophie. Selbst die Ergebnisse der Naturwissenschaft sind interpretationsbedürftig. Zu diesen interpretationsbedürftigen Fragen gehört z.B. die Frage, ob die Welt aus Substanzen oder Ereignissen besteht. Oder die Frage, was eine Ursache ist? Auch die Frage nach der Natur der Universalien, der allgemeinen Begriffe, die in naturwissenschaftlichen Gesetzen verwendet werden, ist keine Frage, die von der Naturwissenschaft beantwortet werden kann. So viel zum ersten Punkt des Dilemmas des Szientismus.

Der zweite Punkt des Dilemmas besteht darin, dass die Szientisten behaupten könnten, dass in dem Fall, dass der Philosophie dieser Status zukomme, diese ein Teil der Naturwissenschaft sein müsste, weil eben alle rationale Untersuchung letztlich naturwissenschaftlich sei. Doch in diesem Fall wird der Szientismus trivial, indem er „Naturwissenschaft" neu definiert, und zwar so, dass alles darunterfällt, auch das, was gegen den Szientismus spricht. (Edward Feser 2014, 10ff.)

Mehr und mehr wird auch von Philosophen vergessen, dass die Naturwissenschaften Voraussetzungen machen, zu denen z.B. gehört, dass nur das in den Fokus der naturwissenschaftlichen Forschung gelangt, was quantitativ-mathematisch erfassbar ist. Alle qualitativen Aspekte der Realität, an denen wir in unserem alltäglichen Leben in erster Linie interessiert sind, bleiben außen vor. Zudem gehört zur wissenschaftlichen Forschung ein methodischer Atheismus, der natürlich mit der Beschränkung auf die quantitativ-mathematische Seite der Realität zusammenhängt. Solange die Wissenschaft sich dieser Voraussetzungen bewusst ist, handelt es sich um eine berechtigte Vorgehensweise, gegen die nichts einzuwenden ist. Allerdings wird es problematisch, wenn nun behauptet wird, es gäbe auch nichts anderes in der Realität zu untersuchen als genau das, was die Wissenschaft untersucht. Diese Position ist selbst nicht wissenschaftlich, sondern es handelt sich um eine philosophische Position, die einer Begründung bedarf. Und genau diese Begründung ist, soweit ich sehe, bisher nicht gelungen und eine szientistische Theorie ist auch prinzipiell nicht konsistent begründbar.

Letztlich beruht der Szientismus auf einem einzigen Argument, das Edward Feser folgendermaßen kurz zusammenfasst:

1. Die Fähigkeit zur Vorhersage und zur technologischen Anwendung der Naturwissenschaft ist nicht vergleichbar mit denen anderer angeblicher Quellen des Wissens.
2. Deshalb ist das, was die Wissenschaft entdeckt, wahrscheinlich alles, was wirklich ist. (Feser 2014, 22; eigene Übersetzung)

Dieses „Argument“ wird nun von Feser mit einem ganz ähnlichen „Argument“ in Analogie gesetzt, durch das deutlich wird, dass es sich nicht um ein „Argument“ handelt, sondern um Ideologie:

3. Metalldetektoren haben bisher mehr Erfolg bei der Suche nach Münzen und anderen Metallgegenständen an verschiedenen Orten gehabt, als irgendein anderes Verfahren.
4. Daher ist das, was uns Metalldetektoren zeigen, wahrscheinlich alles, was wirklich ist. (Feser 2014, 22; eigene Übersetzung)

Metalldetektoren sind so entwickelt worden, dass sie Metall finden und nichts anderes. Die Naturwissenschaft ist methodisch so ausgerichtet, dass sie die quantitativ-mathematischen Aspekte der Realität erfasst und dadurch Vorhersagen über das künftige Verhalten von Dingen treffen kann. In beiden Fällen ist aber klar, dass die Wirklichkeit weit mehr umfasst als das, was von Metalldetektoren oder der Naturwissenschaft erfasst wird.

Doch wie ist es möglich, Gott ohne Bezug zur Offenbarung zu erkennen, wo wir es hier in der Welt ausschließlich mit endlichen und begrenzten Dingen zu tun haben und Gott – so viel ist bereits im Begriff Gottes enthalten – ein unendliches und unbegrenztes Wesen ist? Eine Erkenntnis Gottes muss bei dem ansetzen, was wir hier in unserer Welt vorfinden, und dann ist es vielleicht möglich, rational diese Welt zu übersteigen, um auf Gott zu stoßen. Insofern beruhen Beweise für die Existenz Gottes auf alltäglich erfahrbaren Tatsachen. Doch diese allein reichen sicher nicht aus, um mit Hilfe des Verstandes etwas zu erkennen, was diese Tatsachen übersteigt. Im Unterschied zum Empirismus, der bei den empirischen Tatsachen stehenbleibt und bestreitet, dass es Erkenntnisse gibt, die darüber hinausgehen, hat die klassische Philosophie in der Tradition des Aristoteles stets die Auffassung verteidigt, dass es gewisse allgemeine philosophische Prinzipien gibt, mit deren Hilfe man zu einer Erkenntnis Gottes kommen kann. Freilich beruhen auch diese philosophischen Prinzipien auf Grundbegriffen, die aus der Erfahrung gewonnen werden, die aber durch Verallgemeinerung, durch Abstraktion zu allgemeinen und notwendigen Prinzipien werden. Ein solches Prinzip ist das Kausalprinzip, das ich in den anderen Büchern des *Grundkurses*, insbesondere im ersten Band, ausführlich vorgestellt habe. Es gibt verschiedene Formulierungen des Kausalprinzips, von denen ich die folgende von Thomas von Aquin bevorzuge, wonach „nichts von Potenzialität zu Aktualität überführt werden kann, außer durch etwas, das bereits im Zustand der Aktualität ist“ (Summa theologiae I.2.3). Diese Formulierung setzt voraus, dass jede Veränderung ein Übergang von Potenz zu Akt ist, bzw. die Aktualisierung einer Potenz. In etwas weniger begrifflicher Ausdrucksweise besagt dies, dass jede Veränderung darin besteht, dass etwas Mögliches wirklich wird und dass dies nur dort geschieht, wo das Mögliche verwirklicht wird. Diese Verwirklichung von etwas Möglichem kann aber nur durch etwas geleistet werden, das selbst wirklich ist, und nicht durch etwas, was bloß möglich ist. Ich glaube, dass jeder zumindest intuitiv dieser Definition der Kausalität zustimmen wird. Erst eine weitere skeptische philosophische Reflexion wird die Definition in Frage stellen. Doch ich habe insbesondere im ersten Band des *Grundkurses* ausführlich zu den verschiedenen Einwänden gegen das Kausalprinzip Stellung bezogen und glaube, dass dieses Prinzip in der gegebenen Formulierung verteidigt werden kann.

Mit Hilfe dieses Prinzips und bestimmter Tatsachen in unserer Welt lassen sich nach Thomas von Aquin bestimmte Beweise für die Existenz Gottes führen und selbst Aristoteles kennt auf der Grundlage des Kausalprinzips einen Gottesbeweis. Allerdings beruhen nicht alle Gottesbeweise auf dem Kausalprinzip. Andere Prinzipien, die aber ebenso einsichtig sind, sind erforderlich, um alle fünf Gottesbeweise Thomas von Aquins nachzuvollziehen. Diese werden wir dann thematisieren, wenn wir uns diesen Gottesbeweisen zuwenden.

II. Gottesbeweise

1. Die „fünf Wege" Thomas von Aquins

Ich möchte Ihnen nun im Folgenden die sogenannten „fünf Wege", die *Quinque viae*, wie sie auch oft genannt werden, vorstellen. Diese Gottesbeweise finden Sie in nahezu allen Büchern zur Religionsphilosophie oder zum Thema „Gottesbeweise". Bedauerlicherweise gibt es aber nahezu kaum ein Buch, in dem die „fünf Wege" wirklich richtig dargestellt werden, d.h. so, dass sie das, was Thomas von Aquin wirklich gemeint hat, zutreffend wiedergeben. Diese Kritik betrifft nicht nur atheistische oder agnostizistische Texte zu diesem Thema, sondern ebenso durchaus gute theistische Schriften, wie z.B. die im Übrigen recht gute Einführungsschrift von Winfried Löffler ([2]2013) und selbst neuscholastische Texte. Dies mag sich nun so anhören, als hätte ich die einzig wahre Interpretation der Gottesbeweise entdeckt, doch dieses Eigenlob muss ich sogleich zurückweisen. Ich beziehe mich im Folgenden auf die Darstellung der Gottesbeweise bei Edward Feser in seiner Schrift *Aquinas* (2009), die wirklich vorbildlich ist. Ebenfalls zu empfehlen ist die Schrift von Brian David (2014, 29–94), die allerdings die Gottesbeweise kürzer darstellt als Feser, die aber auch auf die üblichen Missverständnisse und Einwände eingeht. Dass viele andere Autoren eine unzureichende oder gar falsche Darstellung der Gottesbeweise bei Thomas geben, hat nachvollziehbare Gründe. Der Hauptgrund dürfte sein, dass sich die meisten Autoren ausschließlich auf die Darstellung der *Quinque viae* in der *Summa theologiae* beziehen, die sehr kurz ist und durchaus Anlass zu Missverständnissen gibt. Thomas sagt zu dem gleichen Thema erheblich mehr in seiner *Summa contra gentiles*, wo mehrere hundert Seiten den Gottesbeweisen gewidmet werden (dazu auch Norman Kretzmann 1997, 60ff. Eine Zusammenstellung der Gottesbeweise aus den beiden Hauptwerken Thomas von Aquins wurde von Horst Seidl 1982 [[3]1996] veröffentlicht). Hier argumentiert Thomas deutlich sorgfältiger und ausführlicher. Ein weiterer Grund für die meist oberflächliche und unzureichende Darstellung der Gottesbeweise besteht wohl auch darin, dass diese heute als „überholt“ und „uninteressant“ für die heutige Zeit betrachtet werden, bzw. als zu „metaphysisch aufgeladen“, als zu „voraussetzungsreich“ usw., und man sich daher kaum die Mühe macht, tiefer in das Thema einzudringen, und sich nur auf die Sekundärliteratur verlässt. Wir werden gleich sehen, dass diese Vorwürfe unzutreffend sind und dass sich die *Quinque viae*, richtig verstanden, als die bis heute besten Gottesbeweise erweisen. Allerdings sind tatsächlich eine Reihe philosophischer Voraussetzungen zu akzeptieren, die sich aber ebenfalls rechtfertigen lassen und die ich in den vier vorherigen Bänden der Reihe zum großen Teil auch bereits mit Argumenten gegen die wichtigsten Einwände verteidigt habe.

Die *Quinque viae*, die „fünf Wege“ Thomas von Aquins, die von ihm in aller Kürze in der *Summa theologiae* vorgestellt werden, haben Bezeichnungen bekommen, die ich kurz nennen möchte: Der „erste Weg“ wird auch als *Beweis aus der Veränderung* bezeichnet. Der zweite Gottesbeweis heißt *Kausalbeweis* und der dritte wird *Kontingenzbeweis* genannt. Der vierte Beweis geht von verschiedenen Seinsgraden aus und heißt *henologischer Gottesbeweis* und der fünfte wird als *teleologischer Beweis* bezeichnet. Diese fünf Beweise stehen nicht in einer willkürlichen Ordnung hintereinander, sondern die Ordnung ist systematisch, so dass ein Beweis zumindest teilweise die anderen Beweise voraussetzt oder sich aus ihnen ergibt. Deshalb werde ich diese „fünf Wege“ in dieser Reihenfolge vorstellen. Thomas ist der Überzeugung, dass mit den *Quinque viae* die besten Argumente für die Existenz Gottes gegeben werden, und verschiedene Neuscholastiker (G. M. Manser 1949, 345ff.) haben die Auffassung verteidigt, dass es auch nicht mehr als eben genau diese fünf Wege, Gott zu beweisen, gibt. Ob dies zutrifft, kann ich nicht sicher sagen. Ich werde später auf die Argumente, die dafür sprechen, dass mit den fünf Wegen die Beweise für die Existenz Gottes vollständig sind, zurückkommen.

Im Weiteren werde ich stets zuerst den Text Thomas von Aquins aus der *Summa theologiae* zitieren, damit Sie (a) diese Texte selbst kennenlernen und (b) sehen können, dass diese Texte sehr verkürzt sind und sich leicht missverstehen lassen, wenn man sich nicht tiefer darauf einlässt.

(a) Der Beweis aus der Veränderung in der Welt

Hier also zunächst der Text des Aquinaten:

> Es ist eine sichere, durch das Zeugnis der Sinne zuverlässig verbürgte Tatsache, dass es in der Welt Bewegung gibt. Alles aber, was in Bewegung ist, wird von einem anderen bewegt. Denn in Bewegung sein kann etwas nur, sofern es unterwegs ist zum Ziel der Bewegung. Bewegen aber kann etwas nur, sofern es irgendwie schon im Ziel steht. Bewegen heißt nämlich nichts anderes als: ein Ding aus seinen Möglichkeiten (*potentiae*) überführen in die entsprechenden Wirklichkeiten (*actu*). Dies kann aber nur geschehen durch ein Sein, das bereits in der entsprechenden Wirklichkeit (*actu*) steht. So bewirkt z.B. etwas tatsächlich („*in actu*") Glühendes wie das Feuer, dass ein anderes, z.B. das Holz, zu dessen Möglichkeiten es gehört, glühend zu werden, nun tatsächlich („*in actu*") glühend wird. Das Feuer also „bewegt" das Holz und verändert es dadurch. Es ist aber nicht möglich, dass ein und dasselbe Ding in Bezug auf dasselbe Sein schon ist und zugleich noch nicht ist, was es sein könnte. Möglich ist das nur in Bezug auf verschiedene Seinsformen oder Seinsbestimmungen. Was z.B. in Wirklichkeit heiß ist, kann nicht zugleich dem bloßen Vermögen nach heiß sein, sondern ist dem Vermögen nach kalt. Ebenso ist es unmöglich, dass ein und dasselbe Ding in Bezug auf dasselbe Sein in einer und derselben Bewegung zugleich bewegend und bewegt sei oder – was dasselbe ist –: es ist unmöglich, dass etwas sich selbst bewegt. Also muss alles, was in Bewegung ist, von einem anderen bewegt sein.
>
> Wenn demnach das, wovon etwas seine Bewegung erhält, selbst auch in Bewegung ist, so muss auch dieses wieder von einem anderen bewegt sein, und dieses andere wieder von einem anderen. Das kann aber

> unmöglich so ins Unendliche fortgehen, da wir dann kein erstes Bewegendes und infolgedessen überhaupt kein Bewegendes hätten. Denn die späteren Beweger bewegen ja nur in Kraft des ersten Bewegers, wie der Stock nur insoweit bewegen kann, als er von der Hand bewegt wird. Wir müssen also unbedingt zu einem ersten Bewegenden kommen, das von keinem bewegt ist. Dieses erste Bewegende aber meinen alle, wenn sie von Gott sprechen."[1]

Sie sehen, dass der Text nicht einfach zu verstehen ist, zumal einige Begriffe – insbesondere der Begriff „Bewegung" – bei Thomas offenbar eine andere, weitere Bedeutung haben als heutzutage. Da ich im Folgenden aber nicht die vollständige Theorie der Veränderung sowie die Kausaltheorie wiederholen kann, möchte ich Sie auf den ersten Band des *Grundkurses* verweisen, obwohl ich mich bemühe, jeden Band so zu schreiben, dass die Kenntnis der anderen Bände nicht eine notwendige Voraussetzung ist.

Zunächst möchte ich betonen, dass Thomas bei diesem wie auch bei allen folgenden Argumenten nicht von irgendwelchen umstrittenen Thesen ausgeht, wie „alles ist in Bewegung" oder „alles, was sich bewegt, hat eine Ursache". Thomas geht hier und auch in den anderen Beweisen von einer einzelnen empirischen Tatsache aus, die unumstritten ist. Er sagt: „Es ist eine sichere, durch das Zeugnis der Sinne zuverlässig verbürgte Tatsache, dass es in der Welt Bewegung gibt". Unsere Sinne bezeugen uns, dass es in dieser Welt bestimmte Bewegungen gibt. Ich stehe auf und bewege mich zur Küche, um mir einen Kaffee zu holen. Eine einzige Bewegung genügt, um als Ausgangspunkt für das Argument zu dienen.

Versuchen wir uns nun klarzumachen, wie Thomas hier argumentiert. Die erste und zugleich die zentrale Prämisse dieses Arguments behauptet, dass alles, was in Bewegung ist, durch etwas an-

---

[1] Übersetzung dieses und folgenden Zitate anhand der „Deutschen Thomas-Ausgabe" 1. Band I, 1–13, Graz, Wien, Köln 1982, S. 44ff. An einigen Stellen habe ich die Übersetzung verändert.

deres bewegt wird. Bevor ich sogleich die Gegenargumente gegen diese Prämisse diskutiere, sollte ich zunächst verständlich machen, was damit eigentlich gesagt wird. Zunächst meint Thomas mit „Bewegung“ jede Art der Veränderung, also nicht nur das, was wir darunter zumeist verstehen, nämlich die Ortsveränderung. Thomas unterscheidet verschiedene Arten der Veränderung bzw. Bewegung, wie die Ortsbewegung, die akzidentelle Veränderung, z.B. wenn ein Gegenstand, der bisher weiß war, jetzt rot angestrichen wird, oder die substanzielle Veränderung, wie sie z.B. bei der Verdauung zu finden ist, wenn pflanzliche Nahrung in das Fleisch des Tieres verwandelt wird, das diese Nahrung zu sich nimmt. Und nun behauptet Thomas, dass jede Veränderung durch etwas anderes verändert wird. Sie werden sofort einwenden, dass dies nicht sein könne, denn Tiere oder auch Pflanzen verändern sich doch durch sich selbst. Insbesondere Tiere sind dadurch ausgezeichnet, dass sie sich selbst bewegen können (so auch Ansgar Beckermann 2013, 68f.). Thomas bestreitet diese Tatsache natürlich nicht. Man muss verstehen, was er damit meint, wenn er sagt, dass alles, was sich bewegt, durch etwas anderes bewegt wird. Hinsichtlich der tierischen Eigenbewegung will Thomas sagen, dass diese Bewegung dadurch zustande kommt, dass ein Teil des Tieres einen anderen Teil desselben Tieres bewegt, dass, wenn sich z.B. die Beine eines Eichhörnchens bewegen, diese durch die Muskeln des Eichhörnchens bewegt werden und dass diese Muskeln durch die elektrischen Impulse der Nervenzellen bewegt werden und dass diese durch bestimmte Erregungen der Nervenzellen bewegt werden usw. Daher ist dies kein Einwand gegen die erste Prämisse des Arguments.

Ein weiteres Argument, das gegen die Prämissen dieses ersten Gottesbeweises vorgebracht wird, meint, dass Thomas behauptet, dass etwas, das bei einer Entität die Wirkung *F* hervorbringt, selbst *F* sein müsste, wobei *F* hier für irgendeine beliebige Bestimmung steht (Brian Davies 2014, 38). Damit bezieht man sich auf ein häufig von Thomas angeführtes Beispiel, nachdem nur etwas, das heiß ist, etwas anderes erhitzen kann. Als Gegenbeispiel wird dann angeführt, dass man Hitze auch dadurch erzeugen kann, dass man einen Holzstab auf ein anderes Stück Holz reibt, wodurch Feuer entsteht (Anthony Kenny 1969). Um noch ein drastischeres Beispiel zu nennen: Nur jemand, der einen gebrochenen Arm hat, könnte einem anderen den Arm brechen (Brian Davies 2014, 38). Was Thomas von Aquin mit der Prämisse sagen will, ist, dass dasjenige, was etwas bewirkt, wie z.B. Feuer, das Vermögen in sich haben muss, Feuer zu erzeugen. Thomas bezieht sich dabei auf ein anderes Prinzip, das hier selbst nicht genannt wird, aber für seine Kausaltheorie von Bedeutung ist, nämlich das *Prinzip der proportionalen Kausalität*. Dieses Prinzip besagt, dass alles, was in der Wirkung zu finden ist, irgendwie in der Ursache sein muss. Doch dieses Merkmal, das in der Ursache ist, kann in ihr in drei verschiedenen Arten sein, nämlich „virtuell", „eminent" oder „formal". Was Thomas mit dem Prinzip eigentlich sagen möchte, ist nichts anderes als das Kausalprinzip selbst. Dieses Kausalprinzip besagt, dass dasjenige, das etwas verursacht, selbst aktual sein muss. Kausalität besteht nach Thomas in der Aktualisierung einer Potenz. Holz hat die Potenz brennbar zu sein. Es bedarf einer aktualen Ursache, damit diese Potenz aktualisiert wird, z.B. der Hitze, die bei der Reibung von zwei Holzstücken entsteht. Kein Stück Holz kann sich selbst entzünden, so wie keine Potenz sich selbst aktualisieren kann. Die Aktualisierung einer Potenz ist nur möglich durch etwas, das bereits aktual ist.

Eine weitere Prämisse, die im Argument Thomas von Aquins enthalten ist, behauptet, dass einer Kausalreihe nicht ins Unendliche fortgesetzt werden kann. Gegen diese Prämisse wurde am häufigsten argumentiert. Man könnte hier Thomas vorhalten, dass er zirkulär argumentiere, wenn er behauptet, dass es dann, wenn es keinen ersten Beweger gäbe, überhaupt keine Bewegung gäbe (E. Feser 2009, 69). Warum sollte denn eine unendliche Reihe von Ursachen und Wirkungen, von Bewegern und Bewegten nicht möglich sein? Wenn A von B verursacht wurde, könnte B von C verursacht worden sein und C könnte von D verursacht worden sein und so weiter bis ins Unendliche. In diesem Fall wäre kein „erster Beweger“ notwendig, weil jede Bewegung durch eine andere Bewegung verursacht wird, die selbst wieder durch eine andere Bewegung verursacht wird (A. Beckermann 2013, 70f.). Man könnte Thomas dadurch zur Hilfe kommen, dass man auf die Standardinterpretation der Physik verweist, nach der es einen „Urknall“ gegeben hat, durch den das Universum entstanden ist, und dass dieser *Big Bang* durch eine erste Ursache verursacht wurde. Doch dies will Thomas nicht sagen. Thomas von Aquin ist nämlich der Überzeugung, dass es keinen philosophischen Beweis für den Anfang des Universums gibt, und teilt die Auffassung des Aristoteles, dass das Universum – philosophisch betrachtet – immer schon existiert hat, also ohne Anfang und ohne Ende ist. Thomas selbst ist natürlich als Christ davon überzeugt, dass das Universum von Gott geschaffen wurde und insofern einen Anfang hat. Aber er glaubt, dass dies ein Wissen ist, das sich aus der Offenbarung ergibt und nicht philosophisch bewiesen werden kann. Daher spielt für alle fünf Gottesbeweise die Erkenntnis eines Anfangs des Universums keine Rolle. Thomas setzt in allen Gottesbeweisen voraus, dass das Universum ewig existiert. Dies bedeutet aber auch, dass Thomas nicht behaupten würde, dass es grundsätzlich nicht möglich sei, dass eine Ursache-Wirkungs-Reihe bis ins Unendliche zurückgehen könne.

Thomas von Aquin unterscheidet zwei verschiedene Arten von Kausalketten und dies ist der Hintergrund seiner Prämisse, dass eine Kausalkette nicht ins Unendliche fortgehen kann. Eine Kausalkette, die tatsächlich grundsätzlich unendlich sein könnte, ist die Art der Kausalität, die Thomas als Kausalität *per accidens* bezeichnet. Als Beispiel für eine solche Kausalkette könnte man anführen (B. Davies 2014, 35): Abraham zeugte Isaak, Isaak zeugte Jakob, Jakob zeugte Josef usw. Bei dieser *per accidens* geordneten Kausalreihe ist Abraham zwar kausal mit Josef verbunden, doch als Josef gezeugt wurde, lebte Abraham nicht mehr. Die zweite oder jede weitere Ursache einer solchen Kausalreihe ist zwar mit der ersten Ursache verbunden, doch ist diese erste Ursache keine Ursache für das, was von der zweiten Ursache bewirkt wird, also z.B. dafür, dass Jakob Josef zeugt. Die erste Ursache, in diesem Beispiel Abraham, hat nichts dazu beigetragen, dass Josef gezeugt wurde. Eine solche Reihe kann auch noch weiter zurückreichen und prinzipiell unendlich sein. Anders verhält es sich aber mit der anderen Art von Kausalreihe, die Thomas als Kausalität *per se* bezeichnet. Bei einer Kausalreihe, die *per se* geordnet ist, ist jede Ursache mit der Wirkung *gleichzeitig, simultan*. Wenn Sie zuhause Ihre Erbsensuppe kochen, dann kocht diese Suppe nur so lange, als die Herdplatte heiß ist. Diese ist aber nur so lange heiß, wie sie durch den elektrischen Strom erhitzt wird, und der elektrische Strom erhitzt die Herdplatte nur so lange, als er vom Kraftwerk geliefert wird, das wiederum nur so lange Strom erzeugt, als z.B. Braunkohle verbrannt wird, das Wasser erhitzt, dessen Dampf durch die Turbinen geleitet wird. Alle diese Prozesse geschehen gleichzeitig und nicht, wie bei der Kausalität *per accidens*, nacheinander. Sobald keine Braunkohle mehr geliefert wird, hört die Suppe auf zu kochen (wir abstrahieren in diesem Beispiel etwa davon, dass die Prozesse noch eine Zeitlang weiterbestehen, wenn keine Braunkohle mehr geliefert wird). Thomas selbst verwendet ein sehr einfaches Beispiel für die Kausalität *per se*: Ein Stab bewegt einen Gegenstand und dieser Stab wird von der Hand bewegt. Der ganze Vorgang geschieht gleichzeitig und wenn die Hand aufhört, den Stab zu bewegen, hört auch der Stab auf, den Gegenstand zu bewegen. Der Stab ist hier nur das *Instrument*, mit dessen Hilfe der Gegenstand bewegt wird. Thomas spricht in diesem Zusammenhang auch von einer Instrumentalursache des Stabes (D. Oderberg, 2015).

Bei diesem Modell ist nun ganz offensichtlich, dass diese Reihe nicht ins Unendliche zurückgehen kann. Denn wenn die Hand den Stab nicht mehr bewegt, wird auch der Gegenstand nicht mehr bewegt, und wenn dem Kraftwerk keine Braunkohle mehr zugeführt wird, hört der Erbseneintopf auf zu kochen. Hier muss es also eine erste Ursache geben, die zugleich die Ursache für alle anderen Ursachen ist, da alle anderen Ursachen Instrumentalursachen für die erste Ursache sind. Dabei geht es um eine Kausalreihe, bei der etwas hier und jetzt bewirkt wird. Ohne diese erste Ursache würden auch die anderen Ursachen nicht existieren, da die erste Ursache die kausale Kraft für alle anderen Ursachen der Reihe liefert. Alle anderen Ursachen sind in Bezug zu dieser ersten Ursache „Zweitursachen", wie Thomas sie nennt. Und in diesem Sinne ist Gott die erste Ursache, oder besser gesagt, diese erste Ursache ist das, „was alle Gott nennen".

Wenn Sie sich noch erinnern, was Thomas unter Kausalität versteht, nämlich die Aktualisierung einer Potenz, dann wird deutlich, dass diese Erstursache nur eine Entität sein kann, die nicht selbst wieder aktualisiert wurde, sondern die reine Aktualität ist. Keine andere Entität außer Gott ist aber reine Aktualität, reiner Akt ohne jede Potenz. Was aber reine Aktualität ist, kann sich nicht verändern, es ist gewissermaßen die „Fülle der Wirklichkeit". Deshalb ist die erste Ursache ein „unbewegter Beweger", wie schon Aristoteles Gott nennt.

Das erste Argument für die Existenz Gottes setzt auch keine überholten wissenschaftlichen Aussagen voraus, wie man sie natürlich bei Aristoteles oder Thomas findet. Das komplette Argument beruht auf metaphysischen Begriffen und Prinzipien, wie der Unterscheidung zwischen Akt und Potenz, dem Kausalprinzip und anderem. Freilich sind diese metaphysischen Prinzipien umstritten, doch dass sie sich heute ebenso verteidigen lassen wie vor 800 oder vor 2300 Jahren, habe ich versucht in den anderen Bänden dieser Reihe zu zeigen. Nun gibt es aber einen Einwand gegen das erste Argument für die Existenz Gottes auf der Grundlage von Newtons Trägheitsprinzip, das ich nicht unerwähnt lassen möchte.

Als Prämisse für Thomas' ersten Gottesbeweis haben wir den Satz gelesen, dass „alles, was sich in Bewegung befindet, durch etwas anderes in Bewegung gebracht wird". Ich hatte darauf hingewiesen, dass dies eine andere Formulierung des Kausalprinzips ist.

Nun wird mit Bezug auf Newtons Trägheitsgesetz behauptet, dass Newton dieses Prinzip widerlegt habe. Das Gesetz lautet: „Ein Körper verharrt im Zustand der Ruhe oder der gleichförmigen Translation, sofern er nicht durch einwirkende Kräfte zur Änderung seines Zustands gezwungen wird." Auf den ersten Blick gibt es keinen formalen Widerspruch zwischen dem Kausalprinzip und dem Newton'schen Gesetz, auch dann nicht, wenn wir den Begriff der „Bewegung" in beiden Formulierungen im selben Sinne verstehen. Newtons Gesetz besagt, dass ein Körper in einer gleichförmigen und gradlinigen Bewegung verharren wird, wenn er überhaupt bewegt wird und solange keine äußeren Kräfte den Körper daran hindern. Das Gesetz sagt nichts darüber, warum der Körper sich so verhält. Es sagt zum Beispiel nichts über etwas oder jemanden, der den Körper bewegt.

Wichtiger allerdings als dieses Argument gegen den Einwand zum Kausalprinzip ist, dass in beiden Gesetzen nicht über dieselbe Sache geredet wird oder zumindest nicht über genau dieselbe Sache. Newtons Gesetz sagt nur etwas über die Ortsbewegung, d.h. die Veränderung eines Körpers hinsichtlich des Ortes. Thomas von Aquin wie auch andere scholastische Philosophen hingegen verstehen, wie schon gesagt, unter Bewegung ganz verschiedene Arten von Veränderungen. Damit falsifiziert die Newton'sche Mechanik also keineswegs das scholastische Kausalprinzip, sondern es macht überhaupt gar keinen Gebrauch von diesem Gesetz.

Drittens kann man sogar zeigen, dass das Newton'sche Gesetz in einem bestimmten Sinne einen bestimmten Aspekt des scholastischen Prinzips implizit bestätigt. Denn insofern, als die moderne Physik eine gleichförmige Bewegung als einen „Zustand" bestimmt, behandelt sie diese Bewegung als Abwesenheit von Veränderung; ein Zustand ist ja gerade keine Veränderung. Newtons Gesetz behauptet, das äußere Kräfte erforderlich sind, um einen Körper von diesem „Zustand" zu bewegen und deshalb eine Veränderung hervorzubringen. Und insofern gibt es keinerlei Konflikt mit dem Kausalprinzip, das behauptet, dass Bewegung, d.h. jede Art der Veränderung, etwas erfordert, das diese Veränderung verursacht.

Viertens: Wenn Newton somit näher mit dem Aristotelismus verbunden ist, als häufig angenommen wird, dann sind auch die Aristoteliker (oder zumindest Aristoteles und Thomas von Aquin) enger mit Newton verbunden, als häufig angenommen. So hat beispielsweise der bedeutende Philosophiehistoriker James Weisheipl gezeigt, dass die Vorstellung, dass Aristoteles und Thomas der Auffassung gewesen seien, dass kein Objekt in einer örtlichen Bewegung verharren könne, außer ein Beweger halte das Objekt ständig in Bewegung, so etwas wie ein moderner Mythos ist. In der Tat gab es eine solche Vorstellung im Mittelalter, und zwar von Seiten des einflussreichen islamischen Philosophen Averroes und einiger Scholastiker, aber nicht von Seiten Aristoteles' und Thomas von Aquins (vgl. E. Feser 2014, 118ff.).

So wird deutlich, dass das Trägheitsgesetz keinen Einwand gegen den ersten Gottesbeweis darstellt, zumal unser Universum so eingerichtet ist, dass kein Gegenstand, der einer Ortsbewegung unterworfen ist, unberührt bleibt von äußeren Kräften, die auf ihn einwirken. Newtons Gesetz ist eine Abstraktion von diesen Einflüssen, wie z.B. der Anziehungskraft, die jeder Körper auf einen anderen ausübt. Daher ist in jedem Augenblick, in dem ein Gegenstand sich durch den Raum bewegt – und nicht nur im ersten Augenblick der Bewegung –, dieser Gegenstand von etwas bewegt, was einer Erklärung von etwas außerhalb dieses Objektes selbst bedarf.

Ein letzter Einwand, den ich noch ansprechen möchte, behauptet, dass jede Entität, die eine andere in Bewegung versetzt, sich zumindest in diesem Moment selbst bewegen müsse, um die Bewegung hervorzubringen (W.L. Craig 1980). Die Hand, die den Stab bewegt, der den Gegenstand bewegt, muss sich selbst bewegen. Doch das Argument aus der Bewegung behauptet zu beweisen, dass keine Bewegung, einschließlich der Bewegung des unbewegten

Bewegers, überhaupt möglich wäre, wenn es keinen ersten Beweger gäbe, der reiner Akt ist und deshalb selbst unbeweglich. Wenn die Prämissen dieses Gottesbeweises wahr sind und die Schlussfolgerungen sich logisch ergeben, dann ist die Schlussfolgerung auch wahr und logisch konsistent und der Einwand wird hinfällig. Anderenfalls müsste man nachweisen, dass eine der Prämissen falsch ist und daher sich die Folgerungen nicht ergeben. Ansonsten sollte man zugestehen, dass das Argument genau dies zeigt, dass ein unbewegter Beweger möglich ist (weil er aktual ist). Der Begriff des unbewegten Bewegers ist auch kein logisch widersprüchlicher Begriff wie der Begriff eines unsterblich Sterblichen. Denn ein solcher wäre jemand, der sowohl sterblich als auch unsterblich ist. Aber ein unbewegter Beweger bewegt andere Dinge, ohne selbst einer Bewegung zu unterliegen, und dies ist ganz offensichtlich kein logischer Widerspruch.

Ich werde später noch andere Einwände gegen diesen und die anderen Gottesbeweise von Thomas von Aquin diskutieren. Bevor ich den nächsten Gottesbeweis vorstelle, möchte ich das Argument zusammenfassend rekonstruieren. Eine solche Rekonstruktion der fünf Wege wurde von Edward Feser vorgestellt. Ich gebe sie hier und im Folgenden wieder (Feser 2015, 89ff.). Diese Rekonstruktion gibt einen kurzen, klaren und logisch nachvollziehbaren Überblick über das entsprechende Argument.

1. Dass die Aktualisierung einer Potenz ein reales Kennzeichen der Welt ist, folgt aus dem Vorkommen von Ereignissen, die uns durch die Sinne bekannt sind.
2. Das Vorkommen eines jeden Ereignisses *E* setzt die Tätigkeit einer Substanz voraus.
3. Die Existenz jeder natürlichen Substanz *S* zu jedem gegebenen Zeitpunkt setzt die gleichzeitige Aktualisierung einer Substanz voraus.
4. Keine bloße Potenz kann eine Potenz aktualisieren; nur etwas, das aktual ist, kann eine Potenz aktualisieren.

5. Jeder Aktualisierer *A* einer aktuell existierenden Substanz muss selbst aktual sein.
6. *A's* eigene Existenz zu dem Zeitpunkt, zu dem es *S* aktualisiert, setzt entweder (a) die gleichzeitige Aktualisierung einer weiteren Potenz voraus oder (b), dass *A* rein aktual ist.
7. Wenn *A's* Existenz zum Zeitpunkt der Aktualisierung von *S* die gleichzeitige Aktualisierung einer weiteren Potenz voraussetzt, dann gibt es einen Regress von gleichzeitigen Aktualisierern, der entweder unendlich ist oder in einem rein aktualen Aktualisierer terminiert.
8. Solch ein Regress von gleichzeitigen Aktualisierern würde eine *per se* geordnete Kausalreihe bilden, und eine solche Reihe kann nicht unendlich fortschreiten.
9. Daher ist entweder *A* selbst rein aktual oder es gibt einen rein aktualen Aktualisierer, der den Regress gleichzeitiger Aktualisierer beendet.
10. Daher setzt das Bestehen eines Ereignisses *E* und damit die Existenz von *S* zu jedem Zeitpunkt die Existenz eines rein aktualen Aktualisierers voraus.

(b) Der Beweis aus der Kausalität

Der zweite Weg geht vom Gedanken der Wirkursache aus. Wir stellen nämlich fest, dass es in der sichtbaren Welt eine Über- und Unterordnung von Wirkursachen gibt; dabei ist es niemals festgestellt worden und es ist auch nicht möglich, dass etwas seine eigene Wirk- und Entstehungsursache ist. Denn dann müsste es sich selbst im Sein vorausgehen, und das ist unmöglich. Es ist aber ebenso unmöglich, in der Über- und Unterordnung von Wirkursachen ins Unendliche zu gehen, sowohl nach oben als nach unten. Denn in dieser Ordnung von Wirkursachen ist das Erste die Ursache des Mittleren und das Mittlere die Ursache des Letzten, ob nun viele Zwischenglieder sind oder nur eines. Mit der Ursache aber fällt auch die Wirkung. Gibt es also kein Erstes in dieser Ordnung, dann kann es auch kein Letztes oder Mittleres geben. Lassen wir die Reihe der Ursachen aber ins Unendliche gehen, dann kommen wir nie zu einer ersten Ursache und so werden wir weder eine

> letzte Wirkung noch Mittel-Ursachen haben. Das widerspricht aber den offenkundigen Tatsachen. Wir müssen also notwendig eine erste Wirk- oder Entstehungsursache annehmen: und die wird von allen „Gott" genannt,

Der „zweite Weg" zum Beweis Gottes geht von einer einfachen sinnlichen Tatsache aus, nämlich, dass wir durch die Sinne effiziente Kausalbeziehungen wahrnehmen. Ich möchte darauf hinweisen, dass Thomas nicht behauptet, dass alles in der Welt eine Ursache habe, wie dies in zahlreichen Darstellungen des zweiten Gottesbeweises behauptet wird. Was er allerdings behauptet, ist, dass alles, was entstanden ist, was einen Anfang seiner Existenz hat, eine Ursache haben muss, durch die es in die Existenz gelangt ist. Thomas behauptet, dass es Dinge gibt, die verursacht werden, und er führt dann eine Prämisse an, die besagt, dass nichts sich selbst verursachen kann. Diese Prämisse wird auch begründet durch das Argument, dass etwas, das sich selbst verursachen würde, früher sein müsste als es selbst, da es ja bereits da sein müsste, um sich zu verursachen, und dies ist ein logischer Widerspruch. Als weitere Prämisse verwendet Thomas die schon zuvor dargestellte Unterscheidung von Erst- und Zweitursache bzw. die mit dieser Unterscheidung zusammenhängende Unterscheidung von Ursachen *per accidens* und Ursachen *per se*. Daher kann er behaupten, dass in einer effizienten Kausalreihe die erste Ursache die Ursache für alle Zwischenursachen ist, die wiederum die Ursache der letzten Ursache sind. Trifft dies zu, dann bedeutet dies, wie Thomas hier folgert, dass es überhaupt keine Ursachen und damit auch keine Wirkungen gäbe, wenn es keine Erstursache gäbe, denn diese Reihe der Ursachen *per se* kann nicht ins Unendliche fortgesetzt werden. Würde nämlich diese Kausalreihe bis ins Unendliche fortgesetzt, dann gäbe es keine erste Ursache und damit überhaupt keine Ursache. Es geht Thomas, wie ich schon beim ersten Gottesbeweis betont habe, nicht darum, irgendeinen Anfang der Kausalreihe zu behaupten, sondern die aktuelle Wirkung hier und jetzt zu erklären, die nur durch eine Erstursache verständlich wird, die hier und jetzt wirkt. Diese Erstursache wird, wie Thomas sagt, von allen als Gott bezeichnet.

Ein sehr primitiver Einwand gegen dieses Argument, das beispielsweise sogar von Bertrand Russell angeführt wird, lautet, dass dann, wenn alles eine Ursache hat, auch Gott eine Ursache haben müsse. Dass dieser Einwand heute selbst von katholischen Theologen (Armin Kreiner, in: Thomas Buchheim et al. 2013, 335) wiederholt wird, zeigt, welche schwerwiegenden Folgen die Zurückweisung der thomistischen Philosophie und Theologie seit den 1960er Jahren hat. Dieser Einwand ist schon allein deshalb völlig ungültig, weil Thomas von Aquin an keiner Stelle seines Werkes behauptet, dass alles eine Ursache habe. Das Gleiche gilt übrigens von allen aristotelisch-scholastischen Philosophen, aber auch von Leibniz und anderen neuzeitlichen Philosophen. Keiner dieser Philosophen hat jemals behauptet, alles habe eine Ursache. Was Thomas behauptet, ist, dass alles, was einen zeitlichen Anfang hat oder was kontingent ist, also auch nicht existieren könnte, eine Ursache für seine Existenz hat. Man kann natürlich auch gegen dieses Kausalprinzip Argumente vorbringen, und David Hume hat dies auch getan. Ich habe an verschiedenen Stellen des *Grundkurses Philosophie*, insbesondere im ersten Band, deutlich gemacht, dass diese Hume'schen Argumente gegen das Kausalprinzip widerlegt werden können.

Wie David Hume hat auch Immanuel Kant einen ernstzunehmenden Einwand gegen das scholastische Kausalprinzip vorgebracht. Kants zentrales Anliegen in seiner *Kritik der reinen Vernunft* war es, den Angriff Humes gegen das Kausalprinzip zurückzuweisen. Nach David Hume handelt es sich bei dem, was wir als eine Kausalbeziehung von Ursache und Wirkung bezeichnen, um nichts anderes als um eine zeitliche Abfolge von Ereignissen. Auf ein Ereignis *A* folgt ein anderes Ereignis *B*. Dadurch, dass wir diese zeitliche Abfolge schon oft beobachtet haben, so meint Hume, bezeichnen wir *A* als die Ursache von B, doch was wir sinnlich wahrnehmen, ist nichts anderes als die Aufeinanderfolge dieser beiden Ereignisse. Kant akzeptiert die empiristische Voraussetzung Humes, dass wir nur durch die Sinnesdaten einen Zugang zu Kausalbeziehungen haben und uns deshalb das Kausalprinzip nicht zu einer ersten transzendenten Ursache führen kann. Im Unterschied zu Hume will Kant aber das Kausalprinzip retten. Dies versucht er dadurch, dass er es als synthetisch-apriorisches Prinzip bezeichnet, was allerdings keine „Rettung“ des Prinzips darstellt, sondern dieses Prinzip in das Bewusstsein verlegt. Unser Bewusstsein ist so verfasst, dass es Ereignisse, die regelmäßig aufeinander folgen, als Ursache und Wirkung betrachtet. (Natürlich ist dies eine extrem vereinfachte Darstellung der Position Kants. Mehr dazu im *Grundkurs Philosophie I*, 91f.) Gegen den Angriff Kants auf die Erstursache bzw. den zweiten Gottesbeweis wurde vorgebracht, dass auch dann, wenn unsere Erkenntnis über das Kausalprinzip nur auf Sinnesdaten beruht, daraus keineswegs folgt, dass es nicht auf den Bereich außerhalb der Sinneserfahrung angewandt werden könne. Denn das Kausalprinzip ist auf die sinnlichen Dinge nicht deshalb anwendbar, weil sie sinnlich sind, sondern insofern sie existieren. Ein sinnlicher Gegenstand hat nicht deshalb eine Ursache, weil er ein sinnlicher Gegenstand ist, sondern weil er etwas ist, dessen Wesenheit und Existenz verbunden werden müssen, damit er ein realer Gegenstand ist. Auch die meisten Philosophen, die Thomas ablehnen, würden zugestehen, dass der Begriff der Existenz weiter ist als der Begriff des Sinnlichen. Daher ist es kein gutes Argument zu behaupten, dass das Kausalprinzip nicht auf Dinge anwendbar sei, die nicht zu den sinnlichen Dingen gehören, bzw. dass uns dieses Prinzip nicht auf eine erste transzendente Ursache führen könne (vgl. Feser 2009, 82).

Seit langem hat man sich Gedanken darüber gemacht, worin denn der wesentliche Unterschied des ersten vom zweiten Gottesbeweis besteht. Auf den ersten Blick sehen beide Gottesbeweise einander sehr ähnlich und man gewinnt den Eindruck, als ob Thomas zweimal dasselbe sagte. Während der erste Weg von der Bewegung ausgeht, beginnt der zweite mit der Wirkursache. Ansonsten aber scheint es keinen bedeutenden Unterschied zu geben. Nun kann man Thomas, der auch von seinen Gegnern als der bedeutendste Philosoph des Mittelalters anerkannt wird, aber nicht unterstellen, dass er zweimal in etwa das Gleiche sagen wollte. Deshalb gibt es in der Thomas-Forschung eine lange Debatte darüber, was der Unterschied zwischen beiden Gottesbeweisen sei. Zur Lösung dieser Fragestellung hat nun der französische Thomist Etienne Gilson (1884–1978) einen Vorschlag gemacht, der mir sinnvoll erscheint (vgl. auch E. Feser 2009, 83f.). Gilson war der Auffassung, dass der erste Weg zu erklären versucht, warum sich Dinge verändern, während der zweite Gottesbeweis darauf zielt zu erklären, warum die Dinge überhaupt existieren. Genauer gesagt heißt dies, dass Thomas im ersten Weg deutlich zu machen versucht, dass es hier und jetzt keine Bewegung und Veränderung gibt, wenn es keinen ersten unbewegten Beweger gibt, während im zweiten Weg deutlich gemacht wird, dass es überhaupt nichts geben würde, dass nichts existierte, wenn Gott nicht hier und jetzt als erste, unverursachte Ursache die Dinge in der Existenz schafft und erhält.

Diese Interpretation des zweiten Gottesbeweises kann sich zudem auf einen Gottesbeweis berufen, den Thomas in seiner ersten Schrift *De Ente et Essentia/Über das Sein und das Wesen* (DEE) gegeben hat und der in direkter Beziehung zum zweiten Weg zu stehen scheint und üblicherweise als „Existenzbeweis“ bezeichnet wird (vgl. dazu die hervorragende aktuelle Studie von Gaven Kerr: *Aquinas's Way to God. The Proof in De Ente et Essentia*). Thomas stellt dort die Frage, wie etwas in die Existenz kommt. Dabei ist zu beachten, dass Thomas davon ausgeht, dass bei allen geschaffenen Entitäten Wesenheit und Existenz real verschieden sind (vgl. Hüntelmann 2013, 39ff.). Daher kann man die Frage auch so formulieren: Was bewirkt, dass Wesenheit und Existenz in einer Entität miteinander verbunden werden, so dass ein reales Seiendes existiert? Die Wesenheit oder Form einer Entität kann nicht die Ursache dafür sein, dass die Entität existiert, denn als solche ist die Wesenheit nur potenziell und als etwas Potenzielles kann sie nicht etwas Aktuales, d.h. etwas Wirkliches hervorbringen. Denn wenn eine Wesenheit als solche etwas verursachen könnte, müsste sie bereits aktual, d.h. mit der Existenz verbunden sein. Dies aber würde bedeuten, dass die Entität bereits existieren müsste, bevor sie existiert. Daher ist es notwendig, wie Thomas sagt (DEE 4), dass etwas, dessen Existenz von seiner Wesenheit verschieden ist, seine Existenz von etwas anderem erhält. Nun kann aber eine Reihe von Dingen, die ihre Existenz von einem anderen Ding erhält, nicht ins Unendliche fortgehen, weil dann gar nichts existieren würde. Deshalb, so Thomas (DEE 4), ist jede Entität, die durch eine andere existiert, auf das reduzierbar, das seine Existenz durch sich selbst besitzt, also nicht von einem anderen erhalten hat, wie dies bei der ersten Ursache der Fall ist. Es muss etwas geben, was die Existenz aller Dinge verursacht, und zwar ein solches, das seine Existenz selbst ist, dessen Wesen es ist, zu existieren. Und eine solche Entität „nennen alle Gott".

Natürlich ist die Wesenheit einer geschaffenen Entität immer von deren Existenz verschieden, auch nachdem die Entität geschaffen wurde, d.h. nachdem Wesenheit und Existenz durch die Erstursache verbunden wurden. Dies bedeutet aber, dass diese Verbindung von Wesenheit und Existenz in einer realen Entität nicht nur am Anfang ihrer Existenz „hergestellt" werden muss, sondern dass diese Verbindung dauerhaft, d.h. in jedem Augenblick der Existenz einer Entität erhalten werden muss. Die Existenz einer Entität wird also nicht irgendwann einmal verursacht und besteht dann für eine gewisse Zeit, sondern sie muss kontinuierlich hier und jetzt verursacht werden, damit die Entität in der Existenz bleibt. Wenn nun aber die Ursache, die das Seiende in der Existenz erhält, selbst aus Wesenheit und einem Akt der Existenz zusammengesetzt wäre, dann würde diese erhaltende Ursache selbst eine erhaltende Ursache benötigen, um weiterhin zu existieren, und wenn diese erhaltende Ursache *U2* wieder eine andere Ursache *U3* benötigte, die ebenfalls wieder zusammengesetzt wäre aus Wesenheit und Existenz, und so weiter bis ins Unendliche, würde überhaupt nichts existieren. Damit eine Entität hier und jetzt existiert, muss es also eine *per se* geordnete Kausalreihe geben, bei der die erste Ursache selbst nicht zusammengesetzt ist, sondern durch sich selbst existiert und von der die gesamte Kausalreihe in ihrer Existenz abhängt.

So weit die Darstellung des Gottesbeweises in Thomas' Erstlingswerk *De Ente et Essentia*. Es gibt ganz offensichtlich eine gewisse Nähe zwischen diesem Gottesbeweis und dem zweiten Weg in der *Summa Theologiae*. In beiden geht es um die Ursache für die Existenz einer Entität hier und jetzt und beide Beweise machen deutlich, dass es eine erste Ursache geben muss, durch die die Existenz bewirkt wird. Deshalb kann man den zweiten Weg als Zusammenfassung des Arguments aus Thomas' Frühschrift verstehen.

Gegen diese Interpretation wurde von William Lane Craig (1980) argumentiert, einem christlichen Religionsphilosophen, der aber die thomistischen Gottesbeweise kritisch betrachtet. Craig hat eingewendet, dass der zweite Weg Kausalketten, die für unsere Sinne zugänglich sind, zum Ausgangspunkt des Beweises macht. Die Verbindung einer Wesenheit mit dem Akt des Seins ist aber nicht für die Sinne zugänglich. Ein zweiter Punkt, der von Craig gegen die Interpretation des zweiten Weges als einer Zusammenfassung des Gottesbeweises aus *De Ente et Essentia* eingewandt wird, lautet, dass nach der Theorie Thomas von Aquins nur Gott in der Lage ist, Wesenheit und Existenz miteinander zu verbinden, so dass die Frage einer Kausalkette für einen Existenzbeweis erst gar nicht entstehen kann, weil im Falle der Verbindung von Wesenheit und Existenz die Tätigkeit Gottes direkt sein muss und nicht über Instrumentalursachen indirekt wirksam wird. Dementsprechend muss der zweite Weg Thomas von Aquins nach Craig in der Weise interpretiert werden, dass ein Ding hier und jetzt ein anderes Ding hier und jetzt verursacht, ganz ähnlich wie meine Existenz hier und jetzt abhängig ist von der Erdtemperatur und der Atmosphäre auf der Erde, die wiederum abhängig ist von dem Abstand der Erde zur Sonne usw. (E. Feser 2009, 86).

Wie Edward Feser gezeigt hat (ibid.), ist dieses Argument nicht überzeugend. Zunächst wäre es doch sehr seltsam, wenn Thomas das Argument, das er in *Das Sein und das Wesen* verwendet, angesichts der zentralen Bedeutung des Unterschieds von Wesenheit und Existenz in seiner gesamten Philosophie für seine Gottesbeweise in der *Summa* außer Acht gelassen hätte. Zweifellos hat der zweite Weg in der *Summa* am meisten Ähnlichkeit mit dem Gottesweis in Thomas' Frühschrift. Craig sagt ganz richtig, dass nach Thomas nur Gott in der Lage ist, Wesenheit und Existenz miteinander zu verbinden. Doch dies bedeutet nicht, dass Thomas das Problem in *De Ente et Essentia* nicht im Zusammenhang mit einer Kausalkette thematisiert. Dort sagt er, dass die Erstursache für die Existenz eines Dinges notwendig ist, weil wir sonst die Reihe der Ursachen bis ins Unendliche fortsetzen müssten, eine Aussage, die große Ähnlichkeit mit dem hat, was Thomas in seinem zweiten Weg sagt. Möglicherweise hat Thomas die Kausalkette hier nur zum Zwecke des Arguments eingeführt, da Gott, wie gesagt, die Verbindung von Wesenheit und Existenz direkt bewirkt, doch dann gilt das Gleiche auch vom Gottesbeweis in seiner Frühschrift. Alle fünf Wege gehen von etwas aus, was den Sinnen gegeben ist. Dies gilt auch für den ersten Weg, den wir schon kennengelernt haben, und es gilt auch für den zweiten Weg. Aber so wie Thomas auch beim ersten Weg gleich danach zur metaphysischen Analyse übergeht, tut er dies auch beim zweiten Weg. Diese Vorgehensweise macht es dem Leser verständlicher, warum eine erste Ursache unverursacht sein muss.

Alles in allem glaube ich auch, dass man den zweiten Weg durchaus im Zusammenhang mit dem Existenzbeweis in *De Ente et Essentia* verstehen kann, wie dies von Gilson vorgeschlagen wurde. Entscheidend ist, dass der zweite Weg ebenso wie der Existenzbeweis in Thomas' Frühschrift keinen Bezug auf einen Anfang der Welt nimmt, sondern dass diese(r) Beweis(e) die Existenz der Welt hier und jetzt thematisiert/thematisieren. Peter Geach hat dies sehr treffend formuliert, wenn er sagt, dass Thomas' Aussage, dass Gott die Welt erschaffen hat, eher in dem Sinne zu verstehen ist, wie ein Sänger Musik macht, als im Sinne eines Schusters, der Schuhe macht. Die Musik des Sängers erklingt nur so lange, wie er singt, und sobald er aufhört zu singen, gibt es keine Musik mehr. Beim Schuster steht am Ende der Herstellung das geschaffene Werk, das danach mehr oder weniger selbständig ist, zumindest aber nicht mehr den Schuster benötigt.

Wenden wir uns noch einem anderen Argument gegen den zweiten Weg Thomas von Aquins zu, das häufiger vorgebracht wird. Es handelt sich um den sogenannten „Trugschluss der Komposition“. Der Trugschluss lautet: „Atome sind farblos. Diese Rose besteht aus Atomen. Also ist diese Rose farblos.“ Auf den zweiten Weg bei Thomas angewendet, bedeutet dies: Wenn jedes Ding im Universum eine Ursache benötigt, um zu existieren, bedeutet dies nicht, dass auch das Universum als Ganzes eine Ursache zu seiner Existenz benötigt. In Bezug auf das Argument Thomas von Aquins ist dieser Einwand allerdings nicht überzeugend. Zunächst ist aus rein logischer Betrachtung die Anwendung des Trugschlusses auf Teil-Ganzes-Verhältnisse nicht in jedem Fall zulässig. Wenn jeder Stein eines Hauses rot ist, dann ist auch das ganze Haus rot. Ähnliches gilt nun auch für den zweiten Gottesbeweis. Unter der Voraussetzung der Unterscheidung von Wesenheit und Existenz gilt für jeden materiellen Gegenstand, dass dieser eine Ursache erfordert, damit er existiert. Da das Universum als Ganzes materiell ist, ist man berechtigt zu sagen, dass auch das Universum als Ganzes eine Ursache für seine Existenz benötigt, da es aus Wesenheit und Existenz zusammengesetzt ist und eben aus den materiellen Dingen besteht.

Es gibt noch ein weiteres Argument gegen die Anwendung des Trugschlusses der Komposition auf den zweiten Gottesbeweis.

Thomas' Argument muss gar nicht in der Weise eines Teil-Ganzes-Verhältnisses verstanden werden, denn das Universum muss nicht als ein Ganzes verstanden werden. Es reicht, wenn man jede individuelle Entität betrachtet, die aus Wesenheit und Existenz zusammengesetzt ist, unabhängig davon, ob dies auch für das Universum als Ganzes gilt. Jedes einzelne individuelle Ding reicht aus, damit der zweite Gottesweis gültig ist.

Auch hier zum Abschluss eine rekonstruierende Zusammenfassung des zweiten Arguments für die Existenz Gottes (Feser 2015, 92):

1. Es ist ein reales Kennzeichen der Welt, das durch unsere sinnliche Erfahrung bewiesen wird, dass es effiziente Kausalität gibt.
2. Nichts kann die Wirkursache von sich selbst sein.
3. Die Existenz jeder natürlichen Substanz *S* zu jedem gegebenen Moment setzt voraus, dass ihre Wesenheit gleichzeitig mit einem Akt der Existenz verbunden ist.
4. Wenn *S* gleichzeitig irgendwie seine eigene Wesenheit mit einem Existenzakt verbinden würde, wäre *S* die Wirkursache seiner selbst.
5. Daher muss es eine gleichzeitige Wirkursache *C* geben, die von *S* verschieden ist und die die Wesenheit von *S* mit einem Akt der Existenz verbindet.
6. *C*'s eigene Existenz zu dem Zeitpunkt, zu dem sie die Wesenheit von *S* mit einem Akt der Existenz verbindet, setzt voraus: entweder (a) dass die Wesenheit von *C* gleichzeitig verbunden ist mit einem Akt der Existenz oder (b) dass in *C* Wesenheit und Existenz identisch sind.
7. Wenn die Existenz von *C* in dem Augenblick, in dem sie die Wesenheit von *S* mit einem Akt der Existenz verbindet, voraussetzt, dass *C*'s eigene Wesenheit gleichzeitig mit einem Akt der Existenz verbunden ist, dann gibt es einen Regress gleichzeitiger Verbinder von Wesenheiten und Existenzak-

ten, der entweder unendlich ist, oder in etwas terminiert, dessen Wesenheit und Existenz identisch sind.

8. Aber ein solcher Regress gleichzeitiger Verbinder von Wesenheit und Existenz würde eine Kausalreihe bilden, die *per se* geordnet ist, und eine solche Reihe kann nicht unendlich sein.
9. Daher sind *C's* eigene Wesenheit und Existenz entweder identisch, oder es gibt etwas anderes, dessen Wesenheit und Existenz identisch sind, das den Regress gleichzeitiger Verbinder von Wesenheit und Existenzakt beendet.
10. Daher setzt die Existenz einer Substanz *S* zu jedem gegebenen Augenblick etwas voraus, dessen Wesenheit und Existenz identisch sind.

(c) Der Beweis aus der Kontingenz der Welt

Der dritte Weg geht aus von dem Unterschied des bloß möglichen und des notwendigen Seins. Wir stellen wieder fest, dass es unter den Dingen solche gibt, die ebenso gut sein wie auch nicht sein können. Darunter fällt alles, was dem Entstehen und Vergehen unterworfen ist. Es ist aber unmöglich, dass die Dinge dieser Art immer sind oder gewesen sind. Denn das, was möglicherweise nicht ist, ist irgendwann einmal tatsächlich nicht da oder nicht da gewesen. Wenn es also für alle Dinge gelten würde, dass sie möglicherweise nicht da sind oder nicht da gewesen sind, dann muss es eine Zeit gegeben haben, wo überhaupt nichts da war. Wenn aber das wahr wäre, könnte auch heute nichts sein. Denn was nicht ist, fängt nur an zu sein durch etwas, das bereits ist. Gab es aber überhaupt kein Sein, dann war es auch unmöglich, dass etwas anfing zu sein, und so wäre auch heute noch nichts da, und das ist offenbar falsch. Also kann nicht alles in den Bereich jener Dinge gehören, die [selbst, nachdem sie sind] ebenso gut auch nicht sein könnten; sondern es muss etwas unter den Dingen geben, das notwendig [ohne die Möglichkeit des Nichtseins] ist. Alles notwendige Sein aber hat den Grund seiner Notwendigkeit entweder in einem anderen oder nicht in einem anderen. In der Ordnung der notwendigen Wesen, die den Grund ihrer Notwendigkeit in einem anderen haben, können wir nun aber nicht ins Unendliche gehen, ebenso wenig wie bei den Wirkursachen. Wir müssen also ein Sein annehmen, das durch sich not-

> wendig ist und das den Grund seiner Notwendigkeit nicht in einem anderen Sein hat, das vielmehr selbst der Grund für die Notwendigkeit aller anderen notwendigen Wesen ist. Dieses notwendige Sein aber wird von allen „Gott" genannt. (ST, I.2.3.)

Dieser Gottesbeweis hat ebenfalls eine ganze Reihe von Fehlinterpretationen hervorgerufen, die sich vor allem auf die verwendeten sogenannten Modalbegriffe „möglich" und „notwendig" beziehen. Diese Begriffe haben in der Gegenwartsphilosophie eine andere Bedeutung als in der klassischen Philosophie. Setzt man die moderne Bedeutung der Modalbegriffe für das Argument voraus, ist der Beweis fehlerhaft und widerlegbar (vgl. z.B. A. Beckermann, 71f.).

Kurz zusammengefasst, behauptet das dritte Argument für die Existenz Gottes, dass eine Welt, die ausschließlich aus kontingenten, d.h. nicht notwendigen Dingen besteht, nicht existieren könnte. Wenn es nichts gibt, was in sich selbst notwendig existiert, gibt es auch kein anderes Seiendes. Wie bei allen anderen Gottesbeweisen geht Thomas auch hier von einer empirischen Tatsache aus, nämlich, dass bestimmte Dinge entstanden sind und früher nicht existiert haben und dass bestimmte Dinge aufhören zu existieren. Diese Tatsache wird niemand bestreiten. Und mit dieser Tatsache hängt der Begriff „notwendig" oder „möglich" zusammen, denn was auch nicht existieren kann, wie alles das, was einmal nicht war oder einmal nicht mehr sein wird, ist nicht notwendig, sondern nur möglich. Der heute in der analytischen Philosophie verbreitete Begriff der Notwendigkeit hat aber eine andere Bedeutung. Notwendig ist danach das, was in „allen möglichen Welten existiert". Zufällig oder möglich ist hingegen das, was nur in einer oder einigen Welten existiert. Notwendig besagt hier so viel wie „logisch notwendig", d.h. wenn jemand bestreitet, dass eine Entität *a* existiert, beinhaltet dies eine logischen Widerspruch. Thomas meint mit „notwendig" im 3. Argument nicht diese logische Notwendigkeit, sondern eine ontologische oder metaphysische Notwendigkeit. Diese bedeutet, dass Notwendiges nicht nicht sein kann.

Ein Einwand gegen das dritte Argument für die Existenz Gottes beruht auf diesem Missverständnis des thomistischen Begriffs der Notwendigkeit bzw. Möglichkeit. Wenn Thomas behauptet, so der Einwand, dass, wenn „das, was möglicherweise nicht ist, [...] irgendwann einmal tatsächlich nicht da oder nicht da gewesen [ist]“, es auch jetzt nicht sein könne, dann ist dies offensichtlich falsch. Denn es ist möglich, dass etwas zu existieren aufhören *kann*, aber tatsächlich nicht aufhört zu existieren (so argumentiert z.B. auch A. Beckermann 2013, 72). Dieser Einwand wäre in der Tat berechtigt, wenn Thomas mit „kann“, also mit „möglich“ meint: „in einigen möglichen Welten nicht existierend“. Die Tatsache, dass es eine mögliche Welt gibt, in der etwas nicht existiert, beinhaltet nichts bezüglich der Lebensdauer in der wirklichen Welt. Etwas kann logisch betrachtet möglicherweise nicht existieren, aber tatsächlich ewig existieren. Dass etwas möglicherweise nicht existiert, steht nicht in einem *logischen* Widerspruch zu der Tatsache, dass etwas ewig existiert. Verteidiger der Theorie möglicher Welten bzw. eines rein logischen Begriffs der Modalitäten behaupten deshalb auch, dass nicht Dinge möglich oder notwendig sind, sondern nur Aussagen. Beide Einwände treffen aber auf das, was Thomas meint, nicht zu. Was Thomas meint, wird deutlich durch das, was ich in der Übersetzung seines Textes zur Erläuterung in eckigen Klammern hinzugefügt habe. Notwendig bedeutet „ohne die Möglichkeit des Nichtseins“. Diese Interpretation liegt bereits der empirischen Tatsache zugrunde, die er für den Gottesbeweis anführt, nämlich, dass bestimmte Dinge entstanden sind und daher einmal nicht waren, und dass bestimmte Dinge aufhören zu existieren und deshalb auch nicht sein können. Was aber nicht sein kann, ist nach Thomas das, was mit „Möglichkeit“ oder „Kontingenz“ gemeint ist. Der Grund dafür, dass bestimmte Dinge (wir können auch durchaus sagen: alle materiellen Dinge) auch nicht sein können, liegt in ihrer Natur als zusammengesetzte Entitäten. Alle materiellen Substanzen, angefangen von den Atomen und anderen unbelebten Substanzen, über die Pflanzen und Tiere bis hin zum Menschen sind zusammengesetzt aus Form und Materie. Was aber zusammengesetzt ist, kann auch wieder „auseinanderfallen", und wenn dies geschieht, dann hört eine Substanz auf zu existieren. Eine Substanz tritt in die Existenz ein, wenn eine bestimmte Materie von einer Form in*form*iert wird, und sie hört auf zu existieren, wenn sich Form und Materie wieder voneinander trennen.

Dies ist ein Verständnis von Möglichkeit, das sich aus der Natur der Dinge selbst ergibt und nichts mit „möglichen Welten" oder einem rein logischen Verständnis der Möglichkeit zu tun hat. Man unterscheidet diese beiden Arten von Modalitäten durch die Begriffe *de re* und *de dicto*. Modalitäten *de re* sind solche Modalitäten, die mit der Wirklichkeit selbst zu tun haben, während sich Modalitäten *de dicto* auf Aussagesätze bzw. Propositionen beziehen und zur Logik gehören. In der Gegenwartsphilosophie ist es üblich geworden zu bestreiten, dass es diesen Unterschied überhaupt gibt, und die Auffassung zu verteidigen, dass es nur *de dicto*-Modalitäten gibt. Für das Verständnis des dritten Arguments für die Existenz Gottes ist es jedenfalls von grundlegender Bedeutung, ein ontologisches Verständnis der Modalitäten anzunehmen. Die Formulierung „kann möglicherweise nicht sein" bei Thomas bedeutet deshalb so viel wie, dass eine Entität, von der dies gesagt wird, die Tendenz oder Disposition hat, aufzuhören zu existieren, oder eine inhärente Tendenz hat, vergänglich oder nichtdauerhaft zu sein. Notwendigkeit bedeutet dementsprechend bei Thomas so viel wie ewig, dauerhaft, immerwährend und unvergänglich. Und wenn wir dieses Verständnis der Modalbegriffe bei Thomas unterstellen, dann ist sein Argument alles andere als falsch (vgl. E. Feser 2009, 92f.).

Etwas schwieriger ist der Einwand von der Hand zu weisen, der Thomas in seinem dritten Argument eine sogenannte Quantorenverschiebung unterstellt (so z.B. auch A. Beckermann 2013, 72f., und Löffler 2013, 65). Eine solche Quantorenverschiebung bedeutet in unserem Fall die Schlussfolgerung, dass, wenn etwas zu einer bestimmten Zeit nicht existiert, daraus folgt, dass es eine Zeit gibt, in der nichts existiert. In diesem Fall handelt es sich um eine Quantorenverschiebung, weil der quantifizierende Ausdruck „alles“ oder „alle“ seine Stellung im ersten und zweiten Satz wechselt. Deutlicher wird dieser Fehlschluss an anderen Beispielen (E. Feser 2009, 93): Wenn jeder Student in einem Raum einen Stift hat, folgt daraus nicht, dass es einen Stift gibt, den jeder Student hat. Wenn jeder Mensch eine Mutter hat, folgt daraus nicht, dass es eine Mutter gibt, die Mutter von allen Menschen ist. Übertragen auf das Argument Thomas von Aquins bedeutet das: Auch wenn jedes kontingente Seiende zu einer bestimmten Zeit aufhört zu existieren, folgt daraus nicht, dass es eine Zeit gibt, zu der alle aufhören zu existieren. Es könnte immer noch ein Seiendes existieren, wenn auch jedes Seiende irgendwann aufhört zu existieren.

Dieser Einwand gegen das dritte Argument für die Existenz Gottes ist tatsächlich sehr verbreitet und findet sich in zahlreichen Darstellungen der thomistischen Gottesbeweise. Allerdings beruht dieser Einwand auf einer falschen Interpretation dessen, was Thomas sagt bzw. meint. Die Darstellung im Argument ist aber zugegebenermaßen ungenau und missverständlich. Wenn es aber tatsächlich *möglich* ist, im zuvor beschriebenen Sinne der aristotelisch-thomistischen Philosophie, dass jedes kontingente Seiende aufhören kann zu existieren, dann wäre es wohl absurd zu behaupten, dass dies auch in einer unendlichen Zeitspanne niemals geschehe. Wenn deshalb wirklich alles Seiende kontingent wäre, dann gäbe es eine Zeit in der Vergangenheit, zu der nichts existiert hat, und dies würde bedeuten, dass auch jetzt nichts existiert. Thomas will sagen, dass kontingente Entitäten, bei denen es naturgemäß möglich ist, dass sie aufhören zu existieren, unter der Annahme einer unendlichen Zeitspanne auch tatsächlich dazu kommen müssen, dass sie alle zusammen aufhören zu existieren.

Auch Brian Davies (2014, 42) ist auf diesen Einwand gegen das dritte Argument für die Existenz Gottes eingegangen und hat eine bestimmte Interpretation des Textes vorgeschlagen. Davies meint, dass es in dem Argument darum geht, dass Thomas die Entstehung eines Seienden thematisiert und weniger das Verschwinden desselben. (a) Dinge, die in die Existenz gekommen sind, haben zuvor nicht existiert. (b) Wenn alles, was es gibt, entstanden ist, dann gäbe es jetzt überhaupt nichts. Thomas will damit sagen, so Brian Davies, dass alles, was entstanden ist, von einer Ursache abhängig ist, durch die es entstanden ist, und es kann kein entstandenes Ding geben, ohne dass es etwas gibt, dass ursächlich tätig ist, weil kein Ding sich selbst in die Existenz hervorbringen kann. Diese Interpretation des dritten Gottesbeweises wird dadurch unterstützt, dass Thomas darauf besteht, dass etwas, „was nicht ist, [nur] [an]fängt zu sein durch etwas, das bereits ist". Diese Reihe kann aber nicht ins Unendliche fortgesetzt werden, denn es muss eine erste Ursache geben, die nicht selbst verursacht ist, bzw. die nicht entstanden ist, und notwendigerweise existiert.

Ein weiterer Einwand kommt von dem australischen Philosophen John Leslie Mackie (1917–1981). Mackie (1982) führt aus, dass selbst dann, wenn ein individuelles kontingentes Ding aufhört zu existieren, es eine zugrundeliegende Materie geben könnte, aus der es besteht (gewissermaßen ein „dauerhafter Vorrat an Materie"), der alle Veränderungen, alles Entstehen und Vergehen überdauert. Wenn dies tatsächlich möglich wäre, dann wäre diese Materie eine notwendige Entität im Sinne des thomistischen Verständnisses von Notwendigkeit, aber natürlich wäre diese Materie nicht Gott.

Dieser Einwand trifft allerdings das Argument Thomas von Aquins nicht, denn er würde keineswegs bestreiten, dass es auch andere notwendige Entitäten gibt als Gott, Entitäten also, die unvergänglich sind. Zunächst hat Thomas überhaupt kein Problem damit – zumindest nicht in philosophischer Hinsicht –, dass die Welt immer schon existiert hat, also unvergänglich ist und insofern notwendig. Ich habe bereits darauf hingewiesen, dass Thomas in diesem Punkt Aristoteles folgt. Darüber hinaus würde Thomas auch behaupten, dass z.B. Engel ewig existieren und insofern ebenso notwendige Entitäten sind; das Gleiche gilt von der menschlichen Seele. Ja, noch mehr: Thomas ist der Auffassung, dass alle materiellen Dinge aus Form und Materie zusammengesetzt sind und dass die Formen der Dinge (die bestimmen, *was* etwas ist) wie auch die Materie (im Sinne der Urmaterie, der *materia prima*) nicht entstehen und vergehen und daher auch unvergänglich sind. Thomas behauptet somit nicht, dass es nur ein einziges notwendiges Seiendes gebe. Doch all dies spricht nicht gegen die Existenz Gottes, denn die Existenz notwendiger Entitäten ist nur ein Teil des dritten Arguments für die Existenz Gottes. Thomas geht aber an diesem Punkt weiter, indem er ausführt, dass jedes notwendige Seiende seine Existenz entweder durch ein anderes Seiendes hat oder nicht durch ein anderes Seiendes. Dann fährt er fort, indem er sagt, dass die Reihe der notwendigen Seienden aber nicht bis ins Unendliche fortgesetzt werden kann (wenn ein notwendiges Seiendes die Ursache eines anderen notwendigen Seienden ist und dieses wieder die Ursache eines dritten notwendigen Seienden usw., dann kann diese Reihe nicht ins Unendliche fortgesetzt werden, d.h., es muss ein notwendiges Seiendes geben, das aus sich selbst notwendig ist und nicht durch ein anderes verursacht wird). Selbstverständlich gilt dies nur unter der Voraussetzung einer *de re*-Notwendigkeit bzw. eines Begriffs der Notwendigkeit, wie er der aristotelisch-thomistischen Philosophie zugrunde liegt. Notwendig bedeutet demnach „unveränderlich“ oder „dauerhaft“ bzw. „ewig“. Ein unveränderliches Ding kann seine Unveränderlichkeit von einem anderen Ding haben oder eben nicht. Wenn es seine Unveränderlichkeit aus sich selbst hat, dann ist es das, „was alle Gott nennen“. Und Materie als solche kann nicht ihre Notwendigkeit aus sich selbst haben, um zum Argument von Mackie zurückzukehren. Materie ohne jede Bestimmung ist *prima materia*, reine Potenzialität, und diese hat per Definition keinerlei Realität, weder eine notwendige noch eine anders geartete Realität.

Fassen wir das vollständige Argument nun in einer Rekonstruktion zusammen:

1. Dass sich uns bestimmte Substanzen in unserer sinnlichen Erfahrung als kontingent zeigen, beweist die Tatsache, dass sie entstehen und vergehen.
2. Die Entstehung und das Vergehen dieser Substanzen setzen Materie und Form voraus, die weder entstehen noch vergehen und daher notwendig sind.
3. Aber Materie selbst ist reine Potenz und die materiellen Formen selbst sind bloße Abstraktionen, so dass keines von beiden getrennt vom anderen existieren kann; und auch wenn beide zusammen existieren, können sie nicht voneinander abhängig sein, allein unter Androhung eines Teufelskreises.
4. Daher haben Materie und Form ihre Notwendigkeit nicht durch sich selbst, sondern abgeleitet von etwas anderem.
5. Materielle Substanzen sind ebenso Zusammensetzungen aus Wesenheit und Existenz wie nichtgöttliche Seiende, wie z.B. Engel, und jede derartige Zusammensetzung muss ihre Wesenheit und Existenz durch etwas verbunden haben, das von ihr verschieden ist.
6. Diese anderen notwendigen Seienden müssen ihre Notwendigkeit auch von etwas anderem erhalten haben.
7. Aber ein Regress von notwendigen Seienden, die ihre Notwendigkeit von etwas anderem erhalten, würde eine *per se* geordnete Kausalreihe bilden, die ihrer Natur nach nicht ins Unendliche fortgesetzt werden kann.
8. Daher muss es etwas geben, das notwendig in einer absoluten Weise ist und seine Notwendigkeit nicht von etwas anderem erhält und (deshalb) nicht eine Zusammensetzung aus Form und Materie oder Wesenheit und Existenz sein kann (Feser 2015, 96).

(d) Der Beweis aus den Graden der Vollkommenheit

Der vierte Gottesbeweis stellt vermutlich die höchsten Anforderungen an das Verständnis moderner Menschen, da er davon ausgeht, dass es unterschiedliche *Seinsgrade* gibt. Aus diesem Grund hat dieser Gottesbeweis die meisten Kritiken bekommen und wird selbst von Philosophen, die im übrigen Thomas eher wohlgesonnen sind oder sogar zu den „analytischen Thomisten" gezählt werden (z.B. Christopher Martin), kritisch betrachtet. Ansgar Beckermann (2013, 67) diskutiert ihn gar nicht erst, „weil er in meinen Augen das schwächste der fünf Argumente darstellt". Während die drei ersten Gottesbeweise unter dem Begriff der „kosmologischen Gottesbeweise" zusammengefasst werden, unterscheiden sich die beiden letzten der fünf Wege davon. Der vierte Gottesbeweis geht aus von verschiedenen Seinsgraden, der fünfte bezieht sich auf die ziel- und zweckgerichtete Tätigkeit der Entitäten. Ich will mich bemühen zu zeigen, dass auch dieser vierte Gottesbeweis nachvollziehbar ist und sich auch heute verteidigen lässt, wenn man die Voraussetzungen richtig versteht. Doch hören wir zunächst, was Thomas von Aquin sagt:

> Der vierte Weg geht aus von Seinsstufen (Seinsgraden), die wir in den Dingen finden. Wir stellen nämlich fest, dass das eine mehr oder weniger gut, wahr, edel ist als das andere. Ein Mehr oder Weniger wird aber von verschiedenen Dingen nur insofern ausgesagt, als diese sich in verschiedenem Grade einem Höchsten nähern. So ist dasjenige wärmer, was dem höchsten Grad der Wärme näherkommt als ein anderes. Es gibt also etwas, das am meisten wahr, am meisten gut, am meisten edel ist und damit im höchsten Grade Sein besitzt. Denn nach Aristoteles ist das am meisten Wahre auch das am meisten Wirkliche. Was aber innerhalb einer Gattung das Wesen der Gattung am reinsten verkörpert, ist die Ursache alles dessen, was zur Gattung gehört, wie z.B. das Feuer nach Aristoteles als das am meisten Warme die Ursache aller warmen Dinge ist. So muss es auch etwas geben, das für alle Wesen Ursache ihres Seins, ihres Gutseins und jedweder ihrer Seinsvollkommenheiten ist. Und dieses nennen wir Gott.

Das Erste, was einem Kritiker ins Auge fällt, ist das Beispiel, das Thomas hier verwendet, um sein Argument zu erläutern. Wir wissen natürlich, dass es keine absolute Hitze gibt und dass die physikalischen Voraussetzungen dieses Beispiels durch die modernen Naturwissenschaften überholt sind. Aber auf diese Beispiele kommt es überhaupt nicht an und sie spielen für das Argument keine Rolle. Es geht Thomas nämlich nicht darum einen Gottesbeweis auf Grund eines physikalischen Phänomens zu führen, was dann zur Folge hätte, dass Gott selbst etwas Physisches wäre. Es geht auch nicht um irgendwelche anderen Eigenschaften, die es in dieser Welt gibt, wie ein vollkommenes Rot oder irgendeine andere physische Eigenschaft. Worum es geht, sagt Thomas klar und deutlich: es geht ihm um verschiedene Seinsgrade und insbesondere um die Seinseigenschaften „gut", „wahr" und „edel". Damit spielt Thomas auf die Theorie der Transzendentalien bzw. der Seinseigenschaften an, die ich im Metaphysikband dieser Reihe erläutert habe und die ich zum Verständnis dieses Arguments gleich kurz wiederholen werde.

Der zweite Punkt, der in diesem vierten Argument auffällt, ist eine offensichtlich deutlich platonische Argumentation, mit der sich Thomas von seiner ansonsten eher aristotelischen Philosophie absetzt. Dies wird deutlich in Sätzen wie: „Es gibt also etwas, das am meisten wahr, am meisten gut, am meisten edel ist und damit im höchsten Grade Sein besitzt". Oder in dem darauffolgenden Satz: „Was aber innerhalb einer Gattung das Wesen der Gattung am reinsten verkörpert, ist die Ursache alles dessen, was zur Gattung gehört". Thomas ist allerdings auch nie reiner Aristoteliker gewesen, sondern er hat stets Elemente der platonischen Philosophie in sein Denken einbezogen. Diese Stelle gilt als die am deutlichsten platonische Stelle im gesamten Werk. Das bedeutet aber nicht, dass Thomas damit den platonischen Realismus in Bezug auf die Universalien akzeptiert. Man kann sich den Grundgedanken des vierten Weges anhand der platonischen Auffassung von der Wirklichkeit verdeutlichen. Nach Platon sind die Dinge unserer Welt nur Annäherungen an eine Idee, die von diesen Dingen in einem mehr oder weniger schwachen Abbild dargestellt werden. Man kann dies am Beispiel des Dreiecks erklären (E. Feser 2009, 100). Jedes wirkliche Dreieck in unserer Welt – ob ein mit Kreide an die Tafel gezeichnetes Dreieck oder ein Triangel, ein Dreieck, wie es beim Poolbillard verwendet wird, und selbst ein an einem Grafikcomputer gezeichnetes Dreieck – ist immer nur eine Annäherung an das geometrische Dreieck, dessen Wesen darin besteht, dass es drei sich schneidende Linien hat, deren Winkelsumme zusammen der zweier Rechtecke entspricht. Dies ist gewissermaßen das ideale Dreieck, die Idee oder das Wesen des Dreiecks. Diese „Idee" des Dreiecks ist frei von jeder Farbe, von jeder bestimmten Größe, von jedem Material usw. Das sozusagen „reine Dreieck" enthält keines dieser Merkmale, denn es ist nicht materiell. Nach Platon ist dies das „eigentliche" Dreieck und dies gilt nun für Platon nicht nur in Bezug auf Dreiecke, sondern für alle Dinge. Nun ist aber dieses „reine Dreieck" für Platon auch nichts bloß Mentales. Für ihn ist das Wesen des Dreiecks etwas höchst Reales und unser Wissen von diesem Wesen beruht darauf, dass wir dieses Wesen erkennen, dass wir es entdecken können.

Diese kurze Darstellung macht schon deutlich, warum der vierte Weg zum Beweis der Existenz Gottes viele Leser an Platon erinnert. Thomas teilt aber die Voraussetzungen Platons nicht. Dass etwas mehr oder weniger einem Maximum ähnelt, wie Thomas sagt, dass etwas besser als etwas anderes ist und damit sich einem „Urbild" mehr oder weniger annähert, wird auch in diesem Argument angedeutet und lässt sich auch so verstehen. Aber Thomas unterscheidet sich auch hier von Platon und bleibt auch bei diesem Gottesbeweis ein moderater Realist, der nicht behauptet, dass die Ideen, oder in moderner Terminologie, die Universalien bzw. die Formen der Dinge als solche real existieren, d.h. in einem eigenen „Ideenreich". Nach Thomas existieren diese Formen bzw. Universalien in ihrer abstrakten Form nur im menschlichen Verstand, eben als Abstraktionen realer Dinge.

Dieser gemäßigte Realismus des Aquinaten ist erforderlich, um zu erklären, wie die Formen oder Universalien Ursachen sein können, denn Sie werden sich erinnern, dass Thomas im obigen Zitat sagt: „Was aber innerhalb einer Gattung das Wesen der Gattung am reinsten verkörpert, ist die Ursache alles dessen, was zur Gattung gehört". Eine Idee oder Form oder Universalie im Sinne Platons wäre kausal unwirksam. Universalien wie das Dreieck als solches bewirken nichts. Wenn ich ein Dreieck kenne und in meinem Bewusstsein habe, kann ich danach eine Zeichnung erstellen, aber das Dreieck selbst kann kein reales Dreieck zeichnen. Und dies ließe sich noch fortsetzen: Wenn man Gott im Sinne einer platonischen Idee denken würde, dann könnte man nicht erklären, wie das am meisten Gute, Wahre und Noble mit Gott identisch sein sollte, der die Welt erschaffen hat, der der erste Beweger und die erste Ursache für alles ist.

Um die Argumentation Thomas von Aquins zu verstehen, muss man seine Theorie der Transzendentalien verstehen, die in diesem Argument vorausgesetzt wird. Transzendentalien sind so etwas wie Eigenschaften des Seienden als Seienden, Eigenschaften des Seins. Ich habe dazu etwas ausführlicher im Band II des *Grundkurses* (2013, 47ff.) geschrieben und werde hier nur das Wichtigste wiederholen, das für unseren gegenwärtigen Zusammenhang von Bedeutung ist.

Bei der Theorie der Transzendentalien des Seins handelt es sich um eine Theorie, nach der es so allgemeine oder universelle Bestimmungen der Dinge gibt, dass diese alle kategorialen Bestimmungen übersteigen. So wie das Sein selbst nicht in eine bestimmte Kategorie gehört, sondern alle Kategorien bestimmt, weil diese Kategorien des Seins sind, so sind z.B. die Einheit oder die Verschiedenheit Bestimmungen, die jedem Ding als Ding zukommen. Die Transzendentalien sind mit dem Sein mitgegeben und sie sind gewissermaßen nähere Bestimmungen des Seins selbst. Die bedeutet z.B., dass etwas Seiendes immer zugleich eine Einheit ist und als solches

Seiende von allen anderen Seienden verschieden ist. Daher kann man „seiend“ durch „Eines“ oder „Verschiedenes“ ersetzen. Sein und Einheit, Sein und Verschiedenheit sind gewissermaßen austauschbare Begriffe. Und dies gilt nun nicht nur für diese beiden Transzendentalien, sondern für alle. Thomas versteht auch die Wahrheit oder das Gute als Transzendentalien. Jedes Seiende ist, insofern es ein Seiendes ist, in der Wahrheit und es ist gut. Sie werden verstehen, dass in diesem Satz die Bedeutung der Begriffe „Wahrheit“ und „Gutheit“ sich von der üblichen Bedeutung im Sinne der Erkenntnistheorie oder der Ethik unterscheidet. Wahr bedeutet im Sinne der Transzendentalienlehre, dass es für unsere Erkenntnis überhaupt zugänglich ist. Im Dunkeln ist nichts erkennbar. Erst wenn es ins Licht kommt, wird es für unsere Wahrnehmung zugänglich. Analog kann man sagen, dass etwas von sich aus „wahr“ sein muss, damit dessen Wahrheit von unserer Erkenntnis erfasst werden kann. Ähnlich verhält es sich beim Begriff des Guten in seiner allgemeinsten Bedeutung. Jedes Seiende ist als solches tätig. Durch seine Tätigkeit versucht das Seiende sich zu vervollkommnen, d.h., es versucht seine Natur so weit wie möglich zu entfalten. Dies bedeutet konkret, dass eine Kastanie danach strebt ein Baum zu werden, Wurzeln auszubilden, die tief in die Erde hineinreichen, um Nährstoffe zu bekommen und hoch zu wachsen, viele Blätter für die Photosynthese zu bilden und zahlreiche Blüten auszubilden, die wieder zu Kastanien werden, wodurch sich der Kastanienbaum vermehrt. Und ob einem Kastanienbaum dies gelungen ist oder nicht, kann man recht gut sehen. Wir unterscheiden einen guten Baum von einem schlechten Baum. Die Kriterien, die wir dabei verwenden, sind z.B., ob der Baum kräftige Äste besitzt oder ob einige Äste schwach sind und abzusterben drohen; ob die Blätter grün und gesund aussehen oder schon im Sommer bräunlich sind. Der Botaniker und der Förster können Ihnen verschiedene Kriterien nennen, nach denen dann z.B. die Entscheidung getroffen wird, ob der Baum abgesägt oder weiter gepflegt wird. Ein guter Baum ist ein solcher, der der „Idee“ des Baumes entspricht, der, anders gesagt, dem „Bild“ eines vollkommenen

Kastanienbaumes entspricht, und dieses Bild meint das Wesen des Baumes.

Dies nun ist der Hintergrund des vierten Gottesbeweises. Wenn Thomas sagt: „Wir stellen nämlich fest, dass das eine mehr oder weniger gut, wahr, edel ist als das andere. Ein Mehr oder Weniger wird aber von verschiedenen Dingen nur insofern ausgesagt, als diese sich in verschiedenem Grade einem Höchsten nähern“, dann meint er, dass das Maß für „mehr oder weniger gut, wahr, edel“ eben die Natur der Dinge selbst ist, die in verschiedenem Grad sich ihrem jeweiligen Wesen nähern. Das Maß ist die „Vollkommenheit“. Auch bei diesem Begriff sind verschiedene Missverständnisse möglich, doch ich habe zuvor bereits darauf hingewiesen, dass Thomas und die Scholastik darunter das Wesen der Sache verstehen. Das vollkommene Dreieck ist das Wesen des Dreiecks, dem sich jedes bestimmte partikuläre Dreieck mehr oder weniger nähert.

Thomas von Aquin fährt nun fort, indem er diese Wesenheiten als die Ursache für die Vollkommenheiten der Dinge – für ihre Wahrheit, ihre Gutheit usw. – bezeichnet. Wäre Thomas Platoniker, dann könnte er eine solche Aussage nicht rechtfertigen, wie ich schon gesagt habe. Ideen im Sinne Platons, also Universalien als solche, sind nämlich kausal unwirksam. Thomas ist mit Aristoteles der Auffassung, dass diese Wesenheiten keine platonischen Ideen sind, sondern die Formursache der Dinge, die gleichsam in den Dingen „wirksam“ sind. Das Wort „wirksam“ muss ich hier in Anführungszeichen schreiben, weil die Formursache natürlich keine Wirkursache ist und daher nicht in diesem Sinne wirkt. Die Formursache bestimmt das, *was* etwas ist, das Wesen einer Sache. Die Formursache bestimmt die Materie eines Dinges wie des Kastanienbaums, so dass es genau dieses Holz eines Kastanienbaums wird und nicht das einer Eiche oder einer Nordmanntanne. Die Form ist z.B. erkennbar in der genetischen Struktur eines Lebewesens, die bestimmt, was etwas ist und wie etwas tätig ist. Thomas erläutert dies mit dem etwas falschen Beispiel des Feuers: Das Feuer selbst oder das „absolute Feuer“ ist die Ursache für alles andere Heiße. Natürlich ist dieses Beispiel vor dem Hintergrund der modernen Wissenschaften falsch, aber es soll auch nur als Beispiel für das Argument dienen, dass die Wesenheit (die Gattung oder Art) die Ursache für jedes einzelne Vorkommnis in dieser Art ist. Je vollkommener eine Entität einer bestimmten Art oder Gattung diese repräsentiert, umso besser oder vollkommener ist sie. Und so wie jede Gattung, jedes Wesen die Formursache für jede Entität, die zu dieser Gattung gehört, ist, so muss es etwas geben, was gleichsam die Ursache aller Formursachen ist, bzw. die Ursache für alle Vollkommenheiten, die mit dem Sein verbunden sind, d.h. der Transzendentalien. Und diese Ursache wird als Gott bezeichnet, so das Argument Thomas von Aquins.

Hier ist aber ein Zwischenschritt erforderlich, der einer zusätzlichen Erklärung bedarf. Die Formursachen bestimmen die Einzelwesen in einer Art oder Gattung. Im vierten Argument geht es aber um die Ursache für das Sein, die Gutheit usw., also um die Ursache für alles, was es gibt. Jedes Seiende hat bestimmte Vollkommenheiten, aber immer nur in einem begrenzten Grad. Keine einzelne geschaffene Entität ist absolut vollkommen. Wenn eine einzige Entität in der Lage wäre, alle Vollkommenheiten ihrer Art in sich zu vereinigen, dann wäre nicht zu erklären, warum nicht jede einzelne Entität diese höchste Vollkommenheit ihrer Art entwickelte, warum es z.B. nicht nur vollkommene Kastanienbäume gäbe. Wenn es zum Wesen eines Seienden gehören würde, Vollkommenheit zu besitzen, dann gäbe es keinen Grund, warum sie diese Vollkommenheit nicht in unbegrenztem Maße besitzt. Edward Feser (2009, 109) erläutert diesen Gedanken an einem Beispiel: Jeder Mensch ist im vollen Sinne ein Mensch, denn dies ergibt sich daraus, dass er oder sie Teil an der Wesenheit des Menschseins hat. Aber kein Mensch hat das Sein in vollem Umfang – er oder sie hat das Mensch*sein*, aber nicht das Sein selbst –, denn dies wäre nur für ein Seiendes möglich, dessen Wesenheit sein Sein ist, oder dessen Gutsein sein Sein ist, bzw. dessen Vollkommenheit sein Sein ist. Daher kann jedes begrenzte Seiende sein Sein nicht aus sich selbst besitzen, sondern nur von einem anderen. Dieses andere Seiende könnte sein Sein auch wieder von einem anderen Seienden haben usw., aber dies würde zu einem unendlichen Regress führen, wenn es nicht ein Seiendes gäbe, das Sein in einem unbegrenzten Maß besitzt oder das sein Sein selbst ist.

Selbst wenn man diese Argumentation akzeptiert, könnte man noch einen Einwand vorbringen, der auch tatsächlich vorgebracht wurde. Der Einwand lautet: Warum sollte das Beste, das am meisten Wahre und Noble, dasselbe Seiende sein? Das am meisten Gute oder Wahre könnten zwei verschiedene Seiende sein und wenn man diese mit Gott identifiziert, dann hätte man zwei oder drei Götter (Löffler 2013, 65).

Dieser Einwand beruht auf einer platonischen Interpretation von Thomas und entspricht deshalb nicht dem, was Thomas sagen will. Denn der Hintergrund des Arguments ist die Transzendentalienlehre. Ich habe zu zeigen versucht, dass nach Thomas die verschiedenen Eigenschaften des Seins wie Einheit, Verschiedenheit, Wahrheit, Gutheit unterschiedliche Aspekte oder Hinsichten auf ein und dasselbe Sein sind. Das Seiende in Hinsicht auf die Erkenntnis ist das Wahrsein; das Seiende in Hinsicht auf die Tätigkeit ist das Gutsein, denn alles Seiende strebt durch seine Tätigkeit nach seiner Vervollkommnung. Und deshalb ist das am meisten Wahre, Gute, Noble ein und dasselbe Seiende, nur in unterschiedlicher Hinsicht betrachtet.

Jetzt wird vielleicht auch verständlich, warum Thomas von Seinsgraden bzw. Graden der Gutheit usw. sprechen kann. Er meint damit, dass ein Hund einen höheren Seinsgrad besitzt als eine Zecke, dass ein Hund gleichsam „seiender" ist und damit „besser" und „wahrer" und „nobler" als eine Zecke. Sein kommt den Dingen, den Seienden, nicht in vollkommen gleicher, d.h. univoker Weise zu, denn Sein (und damit auch die Transzendentalien) ist kein Gattungsbegriff; Sein übersteigt alle Gattungen. Sein ist nach Auffassung von Thomas ein analoger Begriff (vgl. Hüntelmann 2013, 11ff.). Substanzen haben ebenso Sein wie Eigenschaften, aber Eigenschaften sind Eigenschaften von Substanzen und sie haben deshalb ihr Sein aufgrund der Substanz, von der sie Eigenschaften sind. Deshalb ist der Seinsgrad einer Eigenschaft niedriger als der Seinsgrad der Substanz, weil Substanzen ihr Sein in sich haben, weil Substanzen im Unterschied zu den Eigenschaften eine unabhängige Existenz besitzen. Um ein anderes Beispiel zu nehmen: Menschen und Engel (vorausgesetzt, es gibt rein geistige Wesen ohne Körper) haben beide Sein, aber Engel sind „seiender" als Menschen, weil sie immateriell sind und damit einfacher, d.h. nicht aus Form und Materie zusammengesetzt wie der Mensch, und deshalb unsterblich, unzerstörbar. Und von hier aus kann man noch einen Schritt weitergehen und sagen: die erschaffenen Dinge und Gott haben beide Sein, aber während in geschaffenen Dingen Sein und Wesenheit verschieden sind (Hüntelmann 2013, 40ff.), ist Gott sein Sein, d.h., Wesenheit und Sein sind bei Gott identisch; das Wesen Gottes ist sein Sein. Die Art und Weise, in der jedes Seiende sein Sein besitzt, ist analog der Art und Weise, in der die anderen Seienden ihr Sein besitzen, und nicht identisch. Dies heißt, dass Substanzen einen höheren Seinsgrad haben als Eigenschaften, Hunde einen höheren Seinsgrad als Zecken, Engel einen höheren Seinsgrad als Menschen und Gott allein in vollem Sinne seiend ist, weil alle Geschöpfe ihr Sein von Gott haben. Die Theorien der Transzendentalien, der Seinsanalogie und der Seinsgrade sind der ontologische Hintergrund des vierten Weges, ohne den ein Verständnis des thomistischen Arguments nicht möglich ist. Ich gestehe zu, dass damit enorme philosophische Voraussetzungen verbunden sind, die heute von den meisten Philosophen nicht geteilt werden und deshalb auch schwer nachvollziehbar sind. Allerdings kann man für diese Voraussetzungen argumentieren, was aristotelisch-thomistische Philosophen getan haben, um deutlich zu machen, dass es gute Argumente für die Ontologie und Metaphysik des Aristoteles und Thomas gibt. In den früheren Bänden des *Grundkurses Philosophie* habe ich die wichtigsten Argumente vorgestellt und zu verteidigen versucht.

Diese Seinsgrade sind die Grundlage des vierten Arguments für die Existenz Gottes. Der Grundgedanke des Arguments besteht darin, dass durch die Untersuchung der Natur der Entitäten mit einem geringeren Seinsgrad, einer geringeren Wirklichkeit, wir dazu geführt werden, dass es höhere Realitätsgrade gibt, und schließlich, dass es einen höchsten Seinsgrad geben muss. Grade der Gutheit, der Wahrheit, des Edlen verweisen von sich aus auf einen höchsten Grad der Wahrheit, der Gutheit usw. Da diese Transzendentalien austauschbar sind (das höchste Seiende ist dasselbe wie das höchste Gute, das höchste Wahre, das höchste Noble), verweisen sie alle auf das höchste Vollkommene, und das ist Gott.

Zusammenfassend lässt sich das Argument folgendermaßen rekonstruieren (Feser 2015, 26):

1. Die Dinge unserer Erfahrung zeigen Gutheit, Einheit und andere Transzendentalien nur in einem begrenzten Grad.
2. Dies können sie aber nur, insofern sie an etwas teilhaben, was gut, eines etc. ohne Begrenzung ist.
3. Außerdem sind die Transzendentalien miteinander und letztendlich mit dem Sein selbst konvertibel.
4. Daher gibt es ein Ding, das Sein selbst ist, das die Gutheit selbst ist, das die Einheit selbst ist und so weiter, an dem die Dinge unserer Erfahrung in einem bestimmten Grad teilhaben.
5. Aber das, woran die Dinge teilhaben, ist ihre Wirkursache.
6. Daher ist das eine Ding, das Sein selbst, Gutheit selbst, Einheit selbst usw. ist, die Wirkursache der Dinge unserer Erfahrung.

(e) Der Beweis aus der Zielgerichtetheit der Tätigkeiten

> Der fünfte Weg geht aus von der Ordnung der Welt. Wir stellen nämlich fest, dass unter den Dingen manche, die keine Erkenntnis haben, wie z.B. die Naturkörper, dennoch auf ein festes Ziel hin tätig sind. Das zeigt sich darin, dass sie immer oder doch in der Regel in der gleichen Weise tätig sind und stets das Beste erreichen. Das beweist aber, dass sie nicht zufällig, sondern irgendwie absichtlich ihr Ziel erreichen. Die vernunftlosen Wesen sind aber nur insofern absichtlich, d.h. auf ein Ziel hin tätig, als sie von einem erkennenden geistigen Wesen auf ein Ziel hingeordnet sind, wie der Pfeil vom Schützen. Es muss also ein geistig-erkennendes Wesen geben, von dem alle Dinge auf ihr Ziel hingeordnet werden: und dies nennen wir Gott.

Dieses Argument wird in nahezu allen Darstellungen der fünf Wege des Aquinaten entweder völlig ausgelassen (Beckermann, 2013, 67ff.) oder falsch dargestellt (so auch bei Löffler 2013, 69f.). Im Allgemeinen wird diesem Argument eine große Nähe zum sogenannten Designargument von William Paley und den Intelligent-Design-Theoretikern unterstellt. Dies ist falsch! Ich werde dies gleich begründen, und vor allem Edward Feser (z.B. 2009, 110; 2015, 159ff.) wird nicht müde, immer wieder darauf hinzuweisen, dass beide Argumente grundsätzlich verschieden sind.

Zunächst aber einige Erläuterungen zum Verständnis des fünften Gottesbeweises. Das Argument besteht aus zwei Schritten. In dem Argument heißt es, dass die Lebewesen ohne Verstand ihr Ziel „irgendwie absichtlich erreichen". Diese Übersetzung ist nicht vollkommen richtig. Im Lateinischen heißt es „*ex intentione*". An dieser Stelle ist noch nicht die Rede von einem Gott oder einem Designer, der die Lebewesen „absichtlich" auf ein Ziel hinlenkt. Der Begriff *ex intentione* bezieht sich hier nicht auf Gott. Träfe dies zu, dann wäre das Argument in der Tat nicht wesentlich von Paleys Argument verschieden. Gemeint ist vielmehr in etwa das Gleiche wie bei Aristoteles, nämlich, dass die Dinge auf Grund einer in ihnen liegenden Tendenz, einer inhärenten Teleologie, auf ein Ziel gerichtet sind.

Gemeint ist hier das Prinzip der Finalität, das Thomas auch an verschiedenen anderen Stellen verwendet. Dieses Prinzip besagt, dass jedes Tätige oder jede Wirkursache auf ein Ziel hin tätig ist. Jede Wirkursache ist auf ein Ziel oder einen Zweck gerichtet oder, noch allgemeiner gesagt, ist jede Tätigkeit und jedes Agens, jedes Tätige mit seiner Tätigkeit auf ein Ziel gerichtet. Ein solches Prinzip wird heute, außer mit Bezug auf den Menschen, rundweg abgelehnt. Dies ist sicher der Grund dafür, warum die meisten Autoren, die zu den thomistischen Gottesbeweisen Stellung nehmen, das Argument nicht ernst nehmen. Sie sind der Überzeugung, dass Ziel- oder Zweckursachen von den modernen Naturwissenschaften als überholt erwiesen worden seien und dass sich alle teleologischen Begriffe auf effiziente Kausalität reduzieren ließen. Allerdings werden solche Aussagen bis heute immer wiederholt, ohne dass es dafür wirklich ernsthafte Argumente gibt. In der philosophischen Gegenwartsliteratur findet man praktisch keine Argumente gegen die Finalität. Ich habe früher (Hüntelmann 2012, 105ff.) Argumente für die Nichtreduzierbarkeit der Zielursache vorgestellt und gegen die bekanntesten Gegenargumente verteidigt (vgl. auch David Oderberg 2007, 197–200, Feser 2009, 16–23, 53–55, 64f., 67ff. 80f.). Daher beschränke ich mich an dieser Stelle auf eine kurze Wiederholung, soweit dies für unseren Zusammenhang erforderlich ist.

Das Prinzip der Finalität kann man formal etwa so ausdrücken: Wenn ein A ein B verursacht, dann ist B das Ziel oder der Zweck von A. Eine Reduktion der Finalität auf effiziente Kausalität ist schon deshalb unmöglich, weil Letztere überhaupt nicht verständlich ist ohne Finalursachen. Genau dies ist es, was Thomas in seinem fünften Argument meint, wenn er sagt: „dass unter den Dingen manche, die keine Erkenntnis haben, wie z.B. die Naturkörper, dennoch auf ein festes Ziel hin tätig sind. Das zeigt sich darin, dass sie immer oder doch in der Regel in der gleichen Weise tätig sind und stets das Beste erreichen.“ Jede kausale Regularität, die von den Naturwissenschaften beschrieben wird, wird erst verständlich durch die Finalursachen. Man kann natürlich die Finalursachen von der wissenschaftlichen Untersuchung ausschließen und sich allein auf die Beschreibung der Regularitäten bzw. der Gesetze beschränken; jede Wissenschaft kann ihre Grenzen dort ziehen, wo sie dies für sinnvoll hält. Und die Naturwissenschaften haben gerade dadurch so große Erfolge, dass sie sich ausschließlich auf mathematisch-quantitative Aspekte der Natur beschränken. Doch dabei handelt es sich um eine *Beschränkung*. Man kann dann nicht hinterher behaupten, diese Beschränkung sei sehr erfolgreich und man sei vollkommen ohne Ziel- oder Zweckursachen ausgekommen, also gebe es solche Ursachen auch nicht.

Der Philosoph sollte sich nicht mit der Beschreibung kausaler Relationen zufriedengeben, sondern er sollte weiterfragen, warum gerade *diese* Regularität in der Natur besteht. Naturgesetze erklären nichts, sie beschreiben eine Regularität in der Natur. Eine Erklärung dieser Regularitäten ist nur mit Hilfe der Teleologie möglich. Die Beschreibung, wenn A, dann B, erklärt nicht, warum gerade B die Wirkung von A ist und nicht vielmehr C, D oder überhaupt nichts. Die Antwort auf diese Frage wird aber durch die Zielursache gegeben. Um ein oft verwendetes Beispiel Fesers zu benutzen: Wenn die Reibung eines Streichholzes an einer bestimmten Fläche zur Entzündung des Phosphors am Streichholzkopf führt, dann deshalb, weil Reibung Hitze erzeugt oder, anders gesagt, weil Hitze die Zielursache von Reibung ist. Denn es ist durchaus sinnvoll zu fragen: Warum entsteht durch Reibung Wärme? Eine physikalische *Beschreibung* dieser Wirkung mit Hinweis auf bestimmte atomare Bewegungen ist keine *Erklärung*, sondern nur die Verlagerung der Frage auf eine andere Ebene.

Jede Veränderung in der Natur *setzt* eine Regularität und damit Finalität *voraus*. Veränderungen sind stets auf ein Ziel gerichtet. Wir wollen wissen, was es *bedeutet*, dass Wirkursachen ihre Wirkungen notwendig machen, und wir brauchen eine *Erklärung* dieser Notwendigkeit (Feser 2015, 168). Naturgesetze sind Gesetze der Naturen (Oderberg), d.h., sie folgen aus der Natur der Dinge selbst, aus ihrer Wesenheit, aus der substanziellen Form einer Entität mit Notwendigkeit. Hier kommen wir zu dem Zusammenhang der vier Ursachen, wie sie von Aristoteles entwickelt wurden. Kausalität im Sinne der effizienten Kausalität ist die Aktualisierung einer Potenz. Und die Potenz, die durch eine äußere Ursache aktualisiert wird, ist stets die Potenz zu etwas, ein Vermögen oder eine Tendenz, eine Disposition für eine bestimmte Wirkung. Diese Disposition ist das Ziel der Potenz, das, worauf die Potenz zielt, wenn sie aktualisiert wird. Damit wird deutlich, dass das Ziel *in der Entität selbst liegt*, dass die Teleologie im Sinne Aristoteles' und Thomas von Aquins eine *intrinsische* Teleologie ist. Hier liegt der deutlichste Unterschied zur Rede von Teleologie bei Paley und der Intelligent-Design-Theorie, die nur eine extrinsische Finalität kennt, wie sie sich bei Artefakten, bei vom Menschen hergestellten Dingen findet. William Paley und diejenigen, die ihm heute folgen, kennen faktisch keinen Unterschied zwischen natürlichen Dingen und Artefakten.

Der erste Teil des fünften Gottesbeweises geht also von der intrinsischen Finalität aus, bei der zunächst Gott oder ein Designer noch gar nicht ins Spiel kommt. Aristoteles behandelt diese intrinsische Finalität vor allem in der *Physik*, ohne dass er dabei zu einem Gottesbeweis kommt. Das Studium der Zielursachen lässt sich ohne jede Bezugnahme auf Gott betreiben, wie man auch die effiziente Kausalität untersuchen kann, ohne dass diese sogleich zu einer ersten Ursache führt. So wie weitere Argumente erforderlich sind, um von der effizienten Kausalität zu einer ersten Ursache zu kommen, so sind auch zusätzliche Argumente notwendig, um von der intrinsischen Finalität zu Gott zu kommen, als demjenigen, durch den die Dinge auf ein Ziel ausgerichtet werden. Und dies geschieht im zweiten Teil des fünften Weges.

Ein Begriff aus dem ersten Teil des Arguments sollte aber zuvor noch erläutert werden, da er für heutige Leser schwierig verständlich ist. Dort heißt es, dass die natürlichen Dinge „immer oder doch in der Regel in der gleichen Weise tätig sind und stets das Beste erreichen“. Was hier mit „das Beste“ übersetzt wird, hängt mit dem zusammen, was bereits im vierten Weg thematisiert wurde. Finalität und das Gute sind bei Thomas miteinander verbunden. Man kann dies an einem Beispiel verständlich machen und dazu wähle ich wieder die Kastanie: Eine Kastanie wird zu einem Kastanienbaum. Dieser Baum kann nun ein eher schlechter oder ein guter Baum sein, je nachdem, ob z.B. die Kastanie beschädigt war oder die Umweltbedingungen für das Wachstum ungünstig waren usw. Die Qualität des Baumes ist für jeden, der sich etwas mit Bäumen auskennt, leicht erkennbar. Insofern eine Ursache *A* auf die Hervorbringung einer bestimmten Wirkung *B* gerichtet ist, ist es die „vollkommene“ oder „beste“ oder vollständige Verwirklichung dieser Wirkung, auf die *A* gerichtet ist, auch wenn bestimmte Einflüsse die Wirkung behindern können und dadurch ein „unvollkommener“ oder „schlechter“ Baum entsteht. Dies ist die Verbindung, die zwischen den Begriffen der Finalität und des Guten besteht. Vollkommenheit oder Gutheit haben bei Thomas nur diese Bedeutung: vollkommen ist das, worauf eine Ursache gerichtet ist, die Wirkung als das Ziel der Ursache. Es handelt sich also primär um objektive Begriffe und nicht um eine subjektive Wertung.

Der zweite Teil des fünften Gottesbeweises argumentiert nun: „Die vernunftlosen Wesen sind aber nur insofern absichtlich, d.h. auf ein Ziel hin tätig, als sie von einem erkennenden geistigen Wesen auf ein Ziel hingeordnet sind, wie der Pfeil vom Schützen. Es muss also ein geistig-erkennendes Wesen geben, von dem alle Dinge auf ihr Ziel hingeordnet werden: und dies nennen wir Gott.“

Das Thema dieses zweiten Teils des Arguments ist nicht, wie die Dinge sich auf ein Ziel hinbewegen. Bewegung bzw. Veränderung im Sinne der Aktualisierung einer Potenz war das Thema des ersten Gottesbeweises. Das lateinische Wort *tendunt* wird in der Übersetzung mit „tätig sein“ wiedergegeben. Besser ist die Übersetzung „dazu neigen“. Thomas sagt hier, dass die Dinge nur insofern absichtlich auf ein Ziel hinneigen, wenn sie von einem geistigen Wesen auf ein solches Ziel hingeordnet werden (Feser 2015, 174). Doch hier kann man die Frage stellen, warum das so sein soll, wenn diese Neigung doch immanent ist, wie Aristoteles richtig gesagt hat?

Feser hat darauf hingewiesen (ibid.), dass Thomas von Aquin ein paralleles Argument in der Schrift *De veritate* (V.2) anführt, wo es heißt, dass ein vernunftloses Wesen nur dann direkt auf ein Ziel gerichtet ist, wenn es einen Verstand gibt, der ein solches Ziel festgelegt und das Ding auf dieses Ziel hin ausgerichtet hat. Dies lässt sich mit der Voraussicht vergleichen, durch die eine Architektin ein Haus plant oder, wie es bei Thomas selbst heißt, durch die ein Herrscher eine Stadt oder ein Königreich regiert. Insbesondere dieses letzte Beispiel macht deutlich, worum es geht: Die verschiedenen Ziele und Zwecke der Menschen in einer Stadt oder in einem Königreich müssen so aufeinander abgestimmt werden, dass sie irgendwie „zusammenpassen" und sich nicht gegenseitig behindern. Dies überträgt Thomas auf die gesamte Natur. Die verschiedenen, den Dingen immanenten Ziele und Zwecke müssen miteinander harmonisiert werden, damit sie sich nicht gegenseitig behindern oder gar zerstören. Solch eine Harmonisierung ist aber nur durch einen Verstand, durch einen intelligenten Geist möglich, der wie ein Staatsmann ein Land regiert. Doch damit nicht genug. Nicht nur eine Harmonisierung bereits bestehender Ziele und Zwecke ist erforderlich, wie bei der Architektin oder dem Staatsmann, sondern auch die Existenz dieser Ziele und Zwecke wird im fünften Argument begründet. Jedes einzelne vernunftlose Individuum könnte nicht zu einem Ziel hinneigen, wenn es nicht auf ein solches Ziel gerichtet würde. Doch warum nicht?

Das, wozu eine Entität natürlicherweise neigt, kann nur dann wirksam werden, wenn es schon zuvor in einem Verstand existiert, so wie der Plan des Hauses im Verstand der Architektin besteht, bevor dieser Plan dann realisiert wird. Weiterhin ist ein Verstand aber auch dazu erforderlich, damit eine Ursache auf eine bestimmte

Wirkung gerichtet wird, und zwar aus demselben Grund, der notwendig ist, damit die verschiedenen Mittel auf ein und dasselbe Ziel ausgerichtet werden. So viel zur Erläuterung dessen, was Thomas von Aquin im fünften Argument sagen will.

Nun gibt es eine ganze Reihe von Argumenten, die bereits seit dem Spätmittelalter, und insbesondere mit dem Aufkommen der neuzeitlichen „mechanistischen" Philosophie, gegen die Theorie der Finalursachen bzw. der Finalität vorgebracht wurden und die zu entkräften sind, wenn man diese Theorie heute verteidigen will. Eines der wichtigsten Argumente, das auch mir bei verschiedenen Diskussionen vorgehalten wurde, lautet: Finalität beinhaltet die Annahme, dass die Wirkung bereits vor der Ursache existiert. Um mein Lieblingsbeispiel zu bemühen: Wenn der ausgewachsene Kastanienbaum das Ziel oder die Finalursache der Kastanie ist, die im Schlosspark herumliegt, dann müsste dieser Kastanienbaum bereits existieren, damit er die Finalursache des Kastanienbaums sein kann. Doch wie wir wissen, existiert der Baum noch nicht. Wie also kann etwas Nichtexistierendes irgendetwas verursachen?

Wie dies möglich ist, lässt sich am Beispiel der menschlichen Handlung verdeutlichen. Die Architektin, die das Haus plant und danach einen Bauplan zeichnet, nach dem später das Haus durch die Maurer und die verschiedenen Handwerker gebaut wird, hat dieses Haus zunächst in ihrem Verstand. Das Haus „existiert" in gewisser Weise bereits in ihrem Verstand, bevor sie den Plan zeichnet und bevor der Plan dann im fertigen Haus realisiert wird. Dieser Plan im Verstand der Architektin ist gewissermaßen die *Form* des Hauses, die durch den Bau des Hauses „materialisiert" wird, die also beim Bau des Hauses sich in der Materie manifestiert. Es ist ein und dieselbe Form, die als „Idee" im Verstand der Architektin und später im fertig gebauten Haus existiert. Diese „Identitätstheorie" habe ich in der *Erkenntnistheorie* (Hüntelmann 2013, 47ff.) ausführlich zu erläutern versucht. Weil diese Form also bereits im Verstand der Architektin existiert, kann sie wirksam werden, kann sie zur

Ursache für das später entstehende Haus werden. Um die Wirkung, das Haus, hervorzubringen, sind nicht nur die Bauarbeiter erforderlich. Auch andere Dinge spielen eine Rolle, damit das Haus entsteht, und diese anderen Dinge existieren bereits, bevor das Haus fertig ist. Dies ist das Material, aus dem das Haus gebaut wird, die Bauarbeiter und die Architektin, die das Haus planen und bauen, und die Form des Hauses, die im Verstand der Architektin besteht, weit bevor die Baustelle eröffnet wird. Und dies ist der einzige Weg, wie etwas „Nichtexistierendes" die Ursache für etwas sein kann, was viel später erst existiert. Die Ursache für das Haus *existiert* tatsächlich bereits, bevor das Haus existiert, nämlich *im Verstand* der Architektin.

Nun wird es wohl kaum jemanden geben, der dies bei den angeführten Beispielen in Frage stellt (wenn man einmal davon absieht, dass Materialisten bestreiten würden, dass etwas Geistiges materielle Wirkungen haben kann). Doch hier geht es nicht um die Entstehung von Artefakten, sondern um die natürlichen Dinge, die im Unterschied zu Artefakten eine immanente Zielursache besitzen, um Dinge, die keinen Verstand haben. Auch beim Menschen gibt es zahlreiche Abläufe, die nicht vom Verstand kontrolliert werden, wie die Verdauung oder das Herz-Kreislauf-System, die aber dennoch zielgerichtet tätig sind. Es sind nicht wir selbst, die diese zielgerichteten Prozesse eingerichtet haben. Trifft es zu, was ich zuvor in Bezug auf den Staatsmann oder die Architektin gesagt habe, dass nämlich nichts auf ein Ziel hinneigt, wenn es nicht bereits formal in einem Intellekt existiert, der alles auf ein Ziel hinlenkt, dann muss dies auch hier gelten. Das ganze System von Zielen verstandesloser Wesen im Universum kann nur bestehen, wenn es einen Verstand *außerhalb* dieses Universums gibt, der diese Dinge auf ihre jeweiligen Ziele ausrichtet (Feser 2015, 177). Und dieser Verstand muss nicht irgendwann einmal existiert haben oder irgendwann einmal die Ziele der Dinge festgelegt haben, sondern er muss *hier und jetzt* tätig sein, denn Ursachen wirken hier und jetzt und zu jedem Zeitpunkt, zu dem eine Entität existiert.

Das fünfte Argument für die Existenz Gottes kann also in seiner Stoßrichtung so zusammengefasst werden: (1) Es gibt eine nichtreduzierbare Teleologie in den natürlichen Dingen. (2) Diese Teleologie in den Dingen ist nicht verständlich, wenn es nicht eine Intelligenz außerhalb der Welt gibt. (3) Daraus folgt, dass es einen Intellekt außerhalb der Welt gibt. (Feser 2015, 47)

Eine vollständige Rekonstruktion des Arguments sieht folgendermaßen aus (Feser 2015, 102):

1. Dass nichtintelligente natürliche Ursachen regelmäßig bestimmte Wirkungen hervorbringen, beweist unsere sinnliche Erfahrung.
2. Solche Regularitäten sind nur verständlich unter der Annahme, dass diese Wirkursachen inhärent „auf etwas zeigen" oder „auf etwas gerichtet" sind, was deren Wirkung im Sinne eines Ziels oder Zwecks ist.
3. Daher gibt es Finalursachen oder Zwecke, die der natürlichen Ordnung immanent sind.
4. Aber nichtintelligente natürliche Ursachen können nur „auf etwas zeigen" oder „auf etwas gerichtet" sein, was deren Ziel ist, wenn sie durch eine Intelligenz geführt werden.
5. Deshalb gibt es eine solche Intelligenz.
6. Aber weil die in Frage stehenden Ziele oder Finalursachen den Dingen auf Grund ihrer Natur oder Wesenheit inhärent sind, muss die in Frage stehende Intelligenz auch die Ursache der natürlichen Dinge sein, die diese Naturen oder Wesenheiten besitzen.
7. Dies beinhaltet deren Sein, das deren Wesenheiten und die Existenzakte verbindet, und nur dasjenige, dessen Wesenheit und Existenz identisch sind, kann letztlich dies vollbringen.
8. Daher ist die in Frage stehende Intelligenz etwas, bei dem Wesenheit und Existenz identisch sind.

Damit ist aber auch zugleich eine Antwort auf die Frage gegeben, ob der fünfte Weg tatsächlich zu Gott führt, zu einer göttlichen Intelligenz und z.B. nicht nur zu einem sehr machtvollen Intellekt, der aber nicht Gott ist. Dieser Einwand, auf den ich später noch einmal zurückkommen werde, wird gegen alle fünf Argumente Thomas von Aquins vorgebracht. Die letzte Ursache einer Entität ist nach Thomas eine solche Ursache, die Wesenheit und Existenz in einer Entität miteinander verbindet. Dies kann aber nur eine Entität sein, bei der Existenz und Wesenheit identisch sind, eine Entität, die ihre Wesenheit *ist* und nicht nur *hat*. Wenn nun die Entität, die die natürlichen Dinge auf ein Ziel hin ausrichtet, zugleich die Entität ist, die den Dingen ihre Wesenheit gibt, dann muss diese Entität Gott sein. Dies sieht nun so aus, als ob das fünfte Argument von einem anderen – kosmologischen – Argument abhängig wäre. Doch das ist nicht der Fall, wenn man den Zusammenhang bedenkt. Garrigou-Lagrange, einer der bedeutendsten Neuscholastiker des 20. Jahrhunderts, hat eine Interpretation vorgestellt, die diesen Zusammenhang direkter fasst. Jede ordnende Intelligenz, die nicht reiner Akt – *actus purus,* wie Gott bei Thomas bestimmt wird – ist, wäre zusammengesetzt und nicht einfach und deshalb eine Mischung aus Akt und Potenz. Dies bedeutet zugleich, dass eine solche Entität eine Wesenheit hat, die nur potenziell ist und erst aktualisiert wird durch einen Akt der Existenz. Dies heißt aber auch, dass die Verstandestätigkeit nicht identisch mit dieser Entität ist und daher auch dieser Verstand aktualisiert werden müsste. Der Verstand wäre dann auch verschieden vom Verstandesobjekt. Dies wiederum bedeutet, dass ein solcher Verstand selbst auf ein Objekt ausgerichtet werden müsste. Damit aber wäre ein nichtgöttlicher Verstand nur eine weitere Entität von der Art, die im fünften Weg ja gerade den Ausgangspunkt der Argumentation bildet. Dies führt im Weiteren zu einem unendlichen Regress, der nur durch ein Wesen beendet werden kann, das reiner Akt, reine Wirklichkeit ohne jede Potenzialität ist (Feser 2015, 178f.).

Eine weitere Frage in diesem Zusammenhang sollte erörtert werden, gerade auch um deutlich zu machen, dass der fünfte Weg Thomas von Aquins sich radikal vom Design-Argument Paleys und seiner zeitgenössischen Vertreter unterscheidet. Wie kann die Ziel- und Zweckgerichtetheit zugleich immanent in der Ordnung der Natur liegen und doch zugleich aus Gott folgen? Zur Beantwortung dieser Frage hat Edward Feser (2015, 180f.) einige Beispiele angeführt. Nehmen wir als Beispiel das Symbol Δ und das Wort „Dreieck", die beide dazu dienen können, ein Dreieck zu repräsentieren. Keines von beiden kann dies aber aus sich selbst, denn jedes Symbol – das Wort „Dreieck" wie auch Δ – sind nur physische Kennzeichen ohne symbolischen Inhalt. Vielmehr muss der Geist einen solchen Inhalt vermitteln. Zudem ist die Verbindung zwischen dem Wort „Dreieck" und dem Dreieck rein willkürlich, sozusagen ein Zufall der deutschen Sprache. Auch Δ ähnelt keineswegs allen Dreiecken. In einer bestimmten Hinsicht ähnelt es z.B. keinem rechtwinkligen Dreieck, keinem grünen oder keinem ganz großen Dreieck. Gleichwohl gibt es etwas in diesem Symbol, das es zu einem allgemeineren Zeichen für ein Dreieck macht als das Wort „Dreieck". Doch beide Symbole sind hinsichtlich ihres Inhalts vom Geist abhängig, der ihnen diese Bedeutung gibt. Nun ist Δ inhärent geeignet, um den symbolischen Inhalt eines Dreiecks zu repräsentieren, was für das Wort „Dreieck" nicht zutrifft. Man kann dieses Modell nun vergleichen mit dem, wie Gott die Zielgerichtetheit in materiellen Gegenständen vermittelt: Für Paley und die Intelligent-Design-Theorie sind die natürlichen Dinge wie das Wort „Dreieck", während für Thomas von Aquin die natürlichen Dinge dem Symbol Δ ähnlich sind. Wie das Wort, so bezieht sich auch das Symbol Δ auf ein Dreieck im Allgemeinen nur insofern, als diese Bedeutung diesen Zeichen gegeben wird; es gibt aber eine natürliche Verbindung zwischen Δ und dem Dreieck im Allgemeinen, die es nicht gibt bezüglich des Wortes „Dreieck" und des Dreiecks im Allgemeinen (es handelt sich nur um eine Analogie, die wie immer nur sehr unvollkommen den Zusammenhang verständlich machen kann).

Eine weitere Analogie soll helfen, die Antwort auf die Frage verständlich zu machen, wie eine immanente Teleologie zugleich aus Gott folgt bzw. auf Gott verweist. Hierzu kann das Modell der Sprache einen Hinweis geben. Worte und Sätze, die wir schreiben oder sprechen, haben ihre Bedeutung ausschließlich durch die Gemeinschaft derer, die diese Sprache verstehen und sprechen. Sie sind es, die diese Sprache hervorbringen, die dazu dient, die Ideen und Vorstellungen der Sprecher zum Ausdruck zu bringen. Ohne die Sprachbenutzer haben die linguistischen Zeichen keinerlei Bedeutung und sind nichts anderes als sinnlose Töne oder Tintenmuster auf Papier. Wenn es diese linguistischen Zeichen aber gibt und sie in einer Gemeinschaft von Sprechern gebraucht werden, bekommen sie so etwas wie ein eigenes Leben. Worte und Sätze in Büchern wie diesem, oder aufgenommen auf Tonbändern oder Festplatten, behalten ihre Bedeutung, auch wenn niemand an sie denkt. Selbst wenn sie für lange Zeit nicht mehr angehört oder gelesen werden, können sie jederzeit wieder zum Leben erweckt werden, sobald eine Person, die die Bedeutung der Zeichen im Buch versteht, dieses liest. Zudem hat die Sprache eine Struktur, die den meisten Mitgliedern einer Sprachgemeinschaft völlig unbekannt ist und die von Linguisten untersucht und studiert wird. Sollte die Sprachgemeinschaft durch irgendein Ereignis vollständig aussterben, dann hätten die übriggebliebenen Bücher und Tonaufzeichnung keinerlei Bedeutung.

An diesem Modell kann man die Frage beantworten, wie etwas zugleich eine immanente Finalität besitzt und zugleich von außen diese Zweckgerichtetheit erhält. Gott richtet die Dinge der Welt auf ihre jeweiligen Ziele aus, aber das System der Ziele und Zwecke, das dabei entsteht, hat eine gewisse Unabhängigkeit insofern, als es studiert und untersucht werden kann ohne Bezugnahme auf Gott selbst, ebenso wie ein Linguist die Struktur der Sprache studieren kann, ohne dabei auf die Intentionen dieser oder jener Sprache zu achten. Die Ziele sind hier in den verstandeslosen Ursachen wie die Bedeutung in den Worten ist, sobald sie niedergeschrieben wurden. Sobald Gott die Ziele aus den Dingen entfernen würde, würden diese sofort aufhören Ziele und Zwecke zu verfolgen, ebenso wie beim Aussterben einer Sprachgemeinschaft die Bedeutung der Worte und Sätze verschwinden würde. In diesem Sinne spielt die immanente Teleologie in etwa dieselbe Rolle wie die Zweitursachen in der Ordnung der effizienten Kausalität. So wie sekundäre Ursachen echte Ursachen mit echten Kräften sind, auch wenn sie diese durch Gott bekommen, so sind auch immanente Zwecke und Ziele von natürlichen Dingen echte immanente Ziele, auch wenn die Dinge diese von Gott bekommen. Und genau hier, bei der immanenten Kausalität, liegt der entscheidende Unterschied dieser aristotelisch-thomistischen Theorie der Finalität zur Intelligent-Design-Theorie.

Die Intelligent-Design-Theorie bzw. William Paley kennen nur eine externe Finalität, wobei die Ursache dieser externen Finalität (1) nicht notwendigerweise mit Gott identifiziert wird und (2) die Argumente für einen intelligenten Urheber induktive Argumente sind, im Unterschied zum fünften Gottesbeweis Thomas von Aquins. Dies sind auch die Gründe, weshalb die Intelligent-Design-Theorie den Schwerpunkt auf sehr komplexe Systeme, besonders aus der Biologie, legt, wie das Auge, während die aristotelisch-thomistische Philosophie und insbesondere der fünfte Weg jedes beliebige einfache Beispiel verwenden kann und hier selbst Kausalprozesse aus der anorganischen Natur ausreichen, um Finalität zu demonstrieren. Hinzu kommt, dass insbesondere die Intelligent-Design-Theorie ihre Argumente zur kritischen Auseinandersetzung mit der Evolutionstheorie und dem Darwinismus entwickelt hat, während der fünfte Weg Thomas von Aquins auch dann wahr ist, wenn die Evolutionstheorie oder der Darwinismus in allen Punkten zutreffen. Das heißt, dass der fünfte Weg nicht durch die Evolutionstheorie widerlegbar ist, was übrigens auch für die vier anderen Gottesbeweise gilt. Der an die Intelligent-Design-Theorie gerichtete Vorwurf, der Gott oder der intelligente Designer sei nur ein Lückenbüßer-Gott, kann nicht gegen den fünften Gottesbeweis vorgebracht werden. Der fünfte Weg argumentiert ausschließlich metaphysisch und deduktiv und nicht empirisch und induktiv, wie Paley und die Intelligent-Design-Theorie.

Die Grundlage der Intelligent-Design-Theorie ist ein mechanistisches Weltbild und hier unterscheidet sich diese Theorie weit weniger vom Darwinismus als die aristotelisch-thomistische Philosophie. Mit „mechanistisch" meine ich hier eine Auffassung der Welt ohne *immanente* Finalität. Um es noch einmal zu wiederholen: Nach der aristotelisch-thomistische Philosophie (A-T) ist jede Regularität in der Natur in der Weise zu verstehen, dass eine Ursache *A* die Wirkung *B* hervorbringt und dass diese Wirkung das Ziel der Ursache *A* ist. Und hier spielt die Komplexität der Regularität oder des Prozesses überhaupt keine Rolle. Ein ganz simples physikalisches Phänomen wie die Anziehung eines atomaren Teilchens durch ein anderes ist ausreichend, damit der fünfte Gottesbeweis gültig ist. Jedes Tätige, jedes Agens mit anderen Worten, hat eine Zielursache, ist in seiner Tätigkeit auf ein Ziel gerichtet. Daher ist jedes Tätige, das als eine Wirkursache dient, auf etwas gerichtet, auf eine bestimmte Wirkung oder einen bestimmten Bereich von Wirkungen, und diese Wirkungen sind das immanente Ziel der Ursache bzw. des Tätigen. Die Intelligent-Design-Theorie bestreitet eine solche immanente Kausalität. Die Ziel- und Zweckgerichtetheit der komplexen biologischen Dinge muss nach ihrer Auffassung von einem Wesen verursacht werden, das die Dinge wie ein Uhrmacher auf ein bestimmtes Ziel ausrichtet. Die Intelligent-Design-Theorie macht faktisch keinen Unterschied zwischen Artefakten und natürlichen Dingen.

Damit ist die Darstellung der Argumente der fünf Gottesbeweise bei Thomas von Aquin zunächst abgeschlossen. Natürlich ließe sich noch viel mehr dazu sagen, aber dieses Buch ist nur eine Einführung in die Thematik. Ich habe verschiedene Schriften genannt, die zur Vertiefung dieser Thematik geeignet sind.

Edward Feser (2015, 64f.) hat gezeigt, dass alle fünf Wege sich aus einem Argument für die Dauerhaftigkeit der Existenz von Entitäten ergeben. Das Argument antwortet auf die Frage: Warum existiert eine Entität *a* im gegenwärtigen Augenblick und auch eine gewisse Zeit später? Also warum halten sich die Dinge in der Existenz? Das Argument, das auch die aristotelisch-thomistischen Philosophie zur Grundlage hat, besteht aus neun Schritten:

1. Eine Ursache kann nichts geben, was sie nicht selbst hat.
2. Eine materielle Substanz ist zusammengesetzt aus der *prima materia* und einer substantiellen Form.
3. Etwas hat eine *existentielle Trägheit* (*existential inertia*) genau dann, wenn es in sich selbst eine Tendenz besitzt, in der Existenz fortzudauern, wenn es existiert.
4. Die *prima materia* ist in sich selbst und ohne die substantielle Form reine Potenz und hat daher in sich selbst keine Tendenz, in der Existenz fortzudauern.
5. Die substantielle Form eines materiellen Dinges ist in sich selbst und ohne die *prima materia* eine bloße Abstraktion und hat daher in sich selbst keine Tendenz, sich in der Existenz zu erhalten.
6. Weder die *materia prima* als Materialursache einer materiellen Substanz, noch die substantielle Form als Formursache können einer materiellen Substanz eine Tendenz vermitteln, in der Existenz zu bestehen.
7. Es gibt keine anderen internen Prinzipien, aus denen eine materielle Substanz eine solche Tendenz ableiten kann.
8. Keine materielle Substanz hat eine Tendenz, in sich selbst in der Existenz zu beharren, wenn sie existiert.
9. Keine materielle Entität hat eine existenzielle Trägheit. (Feser 2015, 64f.)

Aus diesem Argument folgt, dass das Fortbestehen einer Entität in der Existenz nur von außen kommen kann. Und dieses „von außen“ kann nur eine solche Entität sein, die nicht aus Form und Materie zusammengesetzt ist, die reine Aktualität ist, und eine solche Entität „nennen alle Gott“.

Bevor ich einige neuere Gottesbeweise vorstelle, möchte ich zunächst Stellung nehmen zu einigen Einwänden und Argumenten gegen die fünf Wege Thomas von Aquins. Bei der Vorstellung der fünf Gottesbeweise bin ich bereits auf wichtige Einwände eingegangen. Im folgenden Kapitel sollen weitere Argumente genannt werden und insbesondere solche Argumente, die im deutschsprachigen Raum von besonderer Bedeutung sind.

2. Argumente gegen die „fünf Wege" Thomas von Aquins

Die meisten Argumente gegen die fünf Wege Thomas von Aquins sind einander sehr ähnlich. Das ist auch nicht verwunderlich, da sie sich vor allem gegen die kosmologischen Gottesbeweise (dazu zählen die drei ersten bei Thomas) richten und von David Hume und Immanuel Kant stammen. Wichtige Argumente wurden bereits genannt und diskutiert. Die Argumente Kants, die im deutschen Sprachraum einflussreich waren und sind, beziehen sich in erster Linie auf die sogenannten ontologischen Gottesbeweise, auch gegen seinen eigenen ontologischen Beweis in seiner früheren Schrift *Einzig möglicher Beweisgrund für das Dasein Gottes* von 1763. Die Argumente, die er dazu in der *Kritik der reinen Vernunft* von 1781/87 anführt, sind in manchen Teilen gar nicht so sehr verschieden von den Argumenten, die Thomas selbst gegen alle ontologischen Gottesbeweise vorbringt. Darauf kommen wir später noch zurück. Daher treffen diese Argumente Kants die soeben vorgestellten fünf Wege nicht. Kants grundsätzliche Skepsis gegen jede Art von Gottesbeweis beruht hingegen auf seinen empiristischen Voraussetzungen. Kant spricht dem Menschen nicht nur die Möglichkeit ab, vom Sinnlichen auf das Unsinnliche Schlussfolgerungen zu ziehen, sondern auch jede Art „intellektueller Anschauung". Für eine ausführliche, jedes Argument Kants einzeln diskutierende Auseinandersetzung kann ich auf Horst Seidl (³1996, 125–135) verweisen.

Im angelsächsischen Raum hat die Kritik an den Gottesbeweisen immer wieder auf David Hume zurückgegriffen. Hier ist für die jüngere Zeit besonders die kritische Diskussion der fünf Wege von Antony Kenny (1972) einflussreich geworden. Auf einige dieser Argumente bin ich bereits zuvor, ohne ausdrücklich den Namen Kennys zu erwähnen, eingegangen. Für eine ausführliche Auseinandersetzung mit Kenny muss ich auch an dieser Stelle auf Horst Seidl (³1996, 136–161) verweisen. Auch Edward Feser geht an verschiedenen Stellen seines Werkes auf die Argumente Kennys ein, um sie zu widerlegen (2009, 50–60; 65, 68, 74, 160). Wie auch bei anderen

Kritikern der thomistischen Gottesbeweise beruhen auch die Argumente Kennys in den meisten Fällen auf Missverständnissen und Fehlinterpretationen Thomas von Aquins.

In Deutschland hat ein Buch von Franz von Kutschera (1991) größere Aufmerksamkeit erlangt. Hierzu schreibt Holm Tetens (2015, 10, Fn. 8): „Das Scheitern der Gottesbeweise, also aller Argumente für die Existenz Gottes, die selber Anspruch erheben, deduktiv schlüssig zu sein, wird hier vorausgesetzt, aber nicht begründet. Die Literatur zu den Gottesbeweisen zählt Legion. Einer der kürzesten und elegantesten Nachweise, warum alle Versuche, das Dasein Gottes deduktiv schlüssig zu beweisen, als gescheitert gelten müssen, findet sich meines Erachtens in Kutschera...". Ich werde deshalb im Folgenden besonders auf die Argumente von Kutscheras Bezug nehmen und dagegen argumentieren, dass auch von Kutschera Unrecht hat, wenn er glaubt, alle deduktiven Gottesbeweise seien gescheitert. Im Unterschied zu den bereits erwähnten und vielen anderen Kritikern ist die Kritik von Kutscheras teilweise von einem Bemühen um ein wirkliches Verständnis der Argumente Thomas von Aquins geprägt. Erstaunlicherweise erwähnen andere deutschsprachige Autoren (z.B. A. Beckermann 2013; W. Löffler 2013) die Argumente Kutschera an keiner Stelle (eine Ausnahme ist M. Hailer 2014). In den meisten Kritiken wird eine Interpretation der fünf Wege vorgestellt, die mit dem, was Thomas sagen will, wenig zu tun hat. Bei von Kutschera wird allerdings oft eine andere Theorie z.B. der Kausalität der thomistischen Theorie entgegengesetzt, ohne dass dafür eigens argumentiert wird. So lehnt von Kutschera, wie die große Mehrheit der Gegenwartsphilosophen, wie wir gleich sehen werden, die Agenskausalität der aristotelisch-scholastischen Philosophie ab und versucht dann diese durch eine Ereigniskausalität zu ersetzen und so zu zeigen, dass die kosmologischen Gottesbeweise scheitern. Eine solche Vorgehensweise wird aber den Gottesbeweisen nicht gerecht. Von Kutschera müsste zumindest deutlich machen, warum die Theorie der Agenskausalität falsch ist. Ich habe im ersten Band dieser Reihe ausführlich für die

Agenskausalität und gegen die Ereigniskausalität argumentiert und muss an dieser Stelle auf diesen Band (Hüntelmann 2012, 87ff.) verweisen. Besonders ausführlich hat Edward Feser (2014) sich mit einer Kritik an der klassischen Theorie der Kausalität auseinandergesetzt, aber auch ein bekannter Schüler von Kutscheras, Uwe Meixner (1997, 107ff.), der kein Aristoteliker ist, hat zahlreiche und starke Argumente für die Agenskausalität verteidigt.

Doch nun zu den Argumenten gegen die fünf Wege Thomas von Aquins. Kutschera diskutiert den zweiten und dritten Gottesbeweis, „da der Beweis eines ersten Bewegers dem der Erstursache weitgehend entspricht" (23). Er stellt dann die Struktur des Gottesbeweises als Erstursache folgendermaßen dar:

„a) Es gibt Dinge, deren Existenz verursacht ist.
b) Ursache der Existenz eines Objektes ist immer ein von ihm verschiedenes existierendes Objekt.
c) Jede Kette für die Existenz eines Objektes a_1 (also jede Folge ... a_3,a_2,a_1 von Objekten, so dass a_n Ursache der Existenz von a_{n-1} ist (n>1)), ist endlich.
d) Also gibt es ein Objekt, das die Existenz von anderen bewirkt, und eine solche Entität nennen wir ‚Gott'." (Von Kutschera 1992, 24)

Bei dieser Darstellung des zweiten Weges zeigt schon ein erster Blick, dass sie eine starke Vereinfachung darstellt, die wichtige Aspekte außer Acht lässt. Allerdings ist sich von Kutschera dessen bewusst. Besonders der unter c) genannte Satz bedarf einer Erläuterung, denn diese Prämisse beruht bei Thomas von Aquin auf der Unterscheidung zwischen essentieller und akzidenteller Kausalität. Während eine akzidentelle Kausalreihe durchaus ins Unendliche gehen kann, trifft dies für eine essentielle Kausalreihe nicht zu, bei der alle Zwischenglieder – bei von Kutschera als a_3,a_2,a_1 bezeichnet – nur *instrumentelle* Ursachen sind. Auf diese Unterscheidung weist auch von Kutschera hin, scheint sie aber dann nicht weiter zu beachten, wie wir gleich sehen werden.

Sein erster Einwand besteht darin, dass Objekte, Dinge, nicht Ursachen sein können, sondern nur die Handlungen bzw. die Tätigkeit eines Objekts. Handlungen und Tätigkeiten im weiten Sinne sind aber „Ereignisse". Dies führt nun zu einer Interpretation des Gottesbeweises, der „Objekt" durch „Ereignis" ersetzt, denn von Kutschera meint, dass man die Aussage, dass *a* die Ursache von *b* sei, bei Thomas so verstehen müsse, dass er meint, dass eine Tätigkeit von *a* die Ursache dafür ist, dass *b* entsteht. Diese Interpretation ist nicht falsch, denn natürlich ist die Tätigkeit einer geschaffenen Entität immer die Ursache für eine Veränderung, für etwas neu Entstehendes in einer anderen Entität. Doch bedeutet dies nicht, dass die Tätigkeit die Ursache ist, sondern der- oder dasjenige, dessen Tätigkeit es ist. Wir sagen ja nicht, dass der Stock den Stein bewegt hat, sondern derjenige, der dem Stock die Bewegung mitgeteilt hat (um das Beispiel Thomas' zu verwenden). Doch von Kutschera schließt bereits hier, dass nicht Gott selbst die Ursache sein könne, sondern die Bewegung Gottes. Abgesehen von der offensichtlichen Trennung von Tätigem und Tätigkeit, trennt von Kutschera hier auch die Existenz und Tätigkeit Gottes, die für Thomas identisch sind. Bei allen geschaffenen Entitäten ist eine Unterscheidung, wenn auch keine Trennung von Tätigkeit und Sein richtig, nicht jedoch bei Gott. Entsprechend kann von Kutschera nun das Argument wie folgt umformulieren:

„a') Es gibt Ereignisse, die eine Ursache haben.
b') Eine Ursache ist immer von ihrer Wirkung verschieden.
c') Jede Kette von Ursachen eines Ereignisses E_1 (also jede Folge ... E_3,E_2,E_1 von Objekten, so dass E_n Ursache von E_{n-1} ist (n>1)), ist endlich.
d') Also gibt es eine Erstursache, d.h. eine Ursache, die nicht Wirkung ist." (Ibid.)

Während die beiden ersten Prämissen, auch für von Kutschera, unproblematisch sind, sieht er das ganze Problem des Arguments in der dritten Prämisse c'). Er sagt ganz richtig, dass Thomas mit dieser Prämisse sagen will: „Gäbe es keine erste Ursache, so auch keine zweite, also auch keine dritte usf., also gar keine Ursachen im

Widerspruch zu (a).“ Zunächst argumentiert von Kutschera ganz ähnlich, wie wir es bereits bei der Behandlung des Arguments kennengelernt haben: Warum sollte es keine unendliche Reihe von Ursachen geben? Unter den unendlich vielen geraden Zahlen gibt es auch keine erste, so von Kutschera, was aber nicht bedeutet, dass es diese Reihe der ganzen Zahlen nicht gibt. Mit Hinweis auf Aristoteles sagt von Kutschera aber, dass dies wohl von Thomas nicht gemeint sein kann. Aristoteles ist der Auffassung, dass eine Wirkung nur so lange anhält, als die Ursache wirkt. So etwas Ähnliches müsse wohl auch Thomas im Blick gehabt haben mit der Unterscheidung zwischen essentiellen und akzidentellen Ursachenreihen. Der Autor verweist sogar auf das Beispiel Thomas von Aquins mit der Hand, die mit dem Stab etwas bewegt. Doch erstaunlich ist, was von Kutschera daraus folgert: „Der Beweis würde dann aber nur besagen: Es gibt essentielle Erstursachen. Die könnten aber akzidentell bewirkt sein.“ Doch das könnten sie gerade nicht! Eine essentielle Kausalkette gibt es nur dort, wo es ein Wesen gibt, das selbst nicht verursacht ist. Dies habe ich an der entsprechenden Stelle deutlich zu machen versucht. Wenn man sich nur auf das Beispiel mit der Hand und dem Stab bei Thomas oder auf mein Beispiel mit dem Kochen der Erbsensuppe bezieht, kann man selbstverständlich weiter zurückgehen und eine weitere „akzidentelle“ Ursache finden, die die Bewegung verursacht: Der Arm seinerseits wird durch eine Muskelkontraktion bewegt, die wieder durch das Feuern der Neuronen im Rückenmark bewegt wird, die wiederum durch das Feuern von Neuronen im Gehirn bewegt werden usw. bis ins Unendliche. Auch das Kraftwerk, das den Strom liefert, ist keine essentielle Ursache. Diese Beispiele sind nur schwache Analogien zu dem, was Thomas wirklich im Sinn hat: Es gibt nur eine einzige essentielle Kausalreihe und das ist eine solche, bei der ein rein aktuales Wesen die Ursache ist. Was von Kutschera nämlich völlig unbeachtet lässt, ist das, was Thomas unter Kausalität versteht, nämlich die Aktualisierung einer Potenz. Kutschera unterstellt gewissermaßen sein eigenes, an David Hume orientiertes Kausalverständnis und argumentiert vor diesem Hintergrund, und dann ist es durchaus richtig zu sagen, dass eine essentielle Erstursache wiederum durch eine akzidentielle Ursache verursacht wird. Eine Ursache, die reiner Akt ist, *actus purus*, kann nicht von etwas anderem verursacht werden, sondern ist die Ursache von allem und jedem. Den Einwand, diese Argumentation sei zirkulär, habe ich an der entsprechenden Stelle auch widerlegt. Bei dem „Beweis aus der Veränderung in der Welt" wurde alles Wichtige gesagt. Damit ist aber das Argument von Kutscheras gegen den zweiten Gottesbeweis unhaltbar.

Als Nächstes wendet sich von Kutschera dem dritten Gottesbeweis bei Thomas zu, dem Beweis aus der Kontingenz der Welt, bzw. „Gott als *ens necessarium*", wie es bei von Kutschera heißt. Sehen wir zunächst, wie er das Argument rekonstruiert:

„a) Es existiert etwas.
b) Alles, was existiert, existiert kontingenterweise oder notwendigerweise.
c) Alles, was kontingenterweise existiert, ist einmal entstanden.
d) Alles, was entsteht, entsteht durch etwas, was schon existiert.
e) Wenn alles kontingenterweise existieren würde, so hätte es also einen Zeitpunkt gegeben, zu dem noch nichts existierte.
f) Dann hätte aber nach d) nichts entstehen können.
g) Also gibt es etwas, das notwendigerweise existiert, und das nennen wir ‚Gott'." (1991, 26)

Diese logische Rekonstruktion des dritten Weges entspricht nun genau dem, was wir weiter oben bei der Vorstellung dieses Arguments bereits kritisch betrachtet haben. Kutschera konzentriert sich bei seiner Kritik an diesem Beweis verständlicherweise besonders auf die Prämisse e). Hier sein Einwand:

> „Man kann nun kontingente Existenz nicht als Entstandensein definieren, denn sonst würde die notwendige Existenz eines Objekts wegen (b) nur besagen, dass es bisher immer existiert hat. Da daraus nicht folgt, dass es auch in Zukunft immer existierten wird, könnte man Gott kaum zureichend durch die Notwendigkeit seiner Existenz charakterisieren. Am besten deutet man wohl „notwendigerweise existieren" als „immer

> existieren" und begründet (c) und (b) mit der (allerdings problematischen) Annahme, dass das, was nicht immer existiert, entweder nie existiert oder sowohl einen Anfang als auch ein Ende hat, also während einer endlichen Zeitspanne existiert. (d) besagt dann, dass alles Entstandene eine Ursache für sein Entstehen hat, die als schon vorher existierendes Objekt aufgefasst wird. Diese Prämisse setzt den Satz vom zureichenden Grund voraus, zumindest in der speziellen Form: Alles, was entsteht, hat eine Ursache seines Entstehens. (e) folgt aber nicht aus (d) und darin liegt der entscheidende Einwand gegen das Argument: Aus „Für alle entstandenen Objekte gibt es einen Zeitpunkt, in dem sie noch nicht existierten" folgt nicht „Es gibt einen Zeitpunkt, in dem alle entstandenen Objekte noch nicht existierten". (e) würde nur gelten, wenn die Menge aller bis jetzt entstandenen Objekte endlich wäre. Dafür fehlt aber jedes Argument." (1991, 27)

Sie sehen, worauf dieser Einwand von Kutscheras hinausläuft: Es ist der Vorwurf der Quantorenverschiebung, den ich bereits vorgestellt habe und der zu den Standardeinwänden gegen diesen Beweis Thomas von Aquins gehört. Immerhin sieht von Kutschera ganz richtig, dass bei Thomas „Notwendigkeit" eine bestimmte Bedeutung hat, nämlich nicht nur – rein logisch – „in allen möglichen Welten existierend", sondern ewig, dauerhaft, unendlich. Eine notwendige Entität im eigentlichen Sinne ist für Thomas eine solche Entität, die nicht entstanden ist, sondern ewig existiert. Ewig existiert nur eine Entität, die nicht aus Akt und Potenz zusammengesetzt ist, sondern die reiner Akt ist. Alles, was hingegen aus Akt und Potenz zusammengesetzt ist, kann aufhören zu existieren. Gleichwohl meint von Kutschera, dass Thomas eine Quantorenverschiebung vorgehalten werden müsse. Ich habe die Bedeutung dieses logischen Fehlers zuvor mit Hilfe zweier Beispiele erläutert, an die ich Sie hier erinnern möchte: das Beispiel mit dem Stift und den Studenten oder das Beispiel mit der „Mutter aller Menschen". In Bezug auf das dritte Argument für die Existenz Gottes besagt dies nun: auch wenn jedes kontingente Seiende zu einer bestimmten Zeit aufhört zu existieren, folgt daraus nicht, dass es eine Zeit gibt, zu der alle aufhören zu existieren. Es könnte immer noch ein

Seiendes existieren, wenn auch jedes Seiende irgendwann aufhört zu existieren.

Ich habe schon früher darauf hingewiesen, dass die Darstellung der fünf Wege, und insbesondere der dritte Weg, zu Missverständnissen Anlass gibt und man insofern die Kritik an diesem Argument verstehen kann. Man muss das Argument Thomas' in einen breiteren Zusammenhang stellen und die metaphysischen Voraussetzungen beachten, die Thomas bei seinem Argument leiten. Ich hatte deshalb bei der Vorstellung des Arguments darauf hingewiesen, dass Thomas sagen will, dass kontingente Entitäten, bei denen es naturgemäß möglich ist, dass sie aufhören zu existieren, unter der Annahme einer unendlichen Zeitspanne auch tatsächlich dazu kommen müssen, dass sie alle zusammen aufhören zu existieren. Allerdings muss dabei der Begriff „möglich" im Sinne von „potenziell" verstanden werden: alle kontingenten Entitäten haben eine Disposition, eine Potenz, mit der Existenz aufzuhören. Im dem Zusammenhang habe ich auch auf die Interpretation von Brian Davies (2014, 42) hingewiesen, nach der es Thomas hier um die Entstehung der Dinge durch eine äußere Ursache geht und nicht um das Verschwinden der Dinge aus der Existenz.

Zum Schluss geht von Kutschera dann auf das teleologische Argument ein, behandelt dies aber in einem breiteren Zusammenhang, bei dem Thomas von Aquin nur einer unter vielen ist, der dieses Argument vertritt. Von Kutschera entgeht der besondere Charakter des thomistischen Arguments, für das eine *wesentliche* Unterscheidung zwischen inhärenter und externer Finalität zentral ist. Daher treffen seine Argumente auch nicht oder allenfalls bedingt auf Thomas von Aquins fünften Weg zu. Dies wird schon deutlich an der logischen Rekonstruktion des fünften Weges:

„a) In der Welt gibt es ein finales Verhalten, das weder zufällig noch intelligent ist.

b) Was nicht selbst über Intelligenz verfügt, verhält sich nur unter der Leitung eines intelligenten Wesens final.
c) Es gibt also eine Intelligenz, die alle Naturdinge auf ein Ziel hinordnet, und die nennen wir ‚Gott'." (1991, 31)

Kutschera betont dann die Doppeldeutigkeit des lateinischen Wortes *finis*, also Ziel, als etwas, das einerseits bewusst angestrebt wird, wie beim Menschen und seinen Handlungszielen, andererseits als einen „Zustand, auf dessen Realisierung hin ein Prozess verläuft" (31). Kutschera führt nun aus, dass aus einem zielgerichteten Prozess nicht folgt, dass es ein intelligentes Wesen gibt, das einen solchen Prozess auf ein Ziel hin ausrichtet. Doch dies behauptet Thomas auch nicht. Thomas ist hier, wie fast überall in seinen philosophischen Schriften, Aristoteliker, und für Aristoteles ist ebenfalls klar, dass aus der Zielgerichtetheit eines Prozesses kein Hinweis auf ein intelligentes Wesen folgt. Dass so etwas der Fall ist, behaupten allenfalls Vertreter der Intelligent-Design-Theorie und William Paley. Und dann wiederholt von Kutschera die Argumente, die ich bereits bei der Diskussion des fünften Weges vorgestellt habe und denen ein reduktionistisches Kausalverständnis zugrunde liegt. So heißt es bei von Kutschera, dass der Finalität im zweiten Sinne der Gedanke zugrunde liegt, dass „ein noch nicht realisierter Endzustand (...) nicht den gegenwärtigen Verlauf eines Prozesses bewirken (könne), er könne nur als vorgestellter Zustand das Handeln eines intelligenten Wesens bestimmen" (1991, 32). Das Zitat enthält alle wesentlichen Punkte, die ich früher diskutiert habe. Im folgenden Satz findet sich gewissermaßen die Quintessenz der Kritik an Thomas: „Ein Endzustand ist natürlich keine Ursache". Kutschera lehnt hier die Vorstellung ab, die der aristotelisch-thomistischen Philosophie zu Grunde liegt, dass nämlich das Ziel oder der Zweck eine Ursache ist. Wenn man dies bestreitet, dann ist natürlich das Argument des fünften Gottesbeweises ungültig. Doch dazu wäre es notwendig, die Theorie der Finalursache zu widerlegen, was von Kutschera ebenso unterlässt wie nahezu alle modernen Philosophen. Er behauptet, dass Finalität auf Ereigniskausalität reduzierbar sei, und verweist als Beispiel dafür auf die Evolutionstheorie. Eine gesetzmäßige Erklärung eines Vorgangs, so hatte ich argumentiert, erklärt nichts, sondern stellt einen Vorgang nur in mathematisch-quantitativer Weise dar. Warum die Wirkung und warum gerade *diese* Wirkung bei einer bestimmten Wirkursache eintritt, wird an keiner Stelle erklärt, obgleich dies eine durchaus sinnvolle und auch berechtigte Frage ist.

Kutschera sieht auch nicht den wesentlichen Unterschied zwischen dem Argument Thomas von Aquins im fünften Weg und den Argumenten Paleys, obwohl er richtig sagt, dass Paley und andere Vertreter eines „zweiten Typs des teleologischen Arguments" aus der Ähnlichkeit mancher Phänomene in der Welt mit menschlichen Artefakten auf einen entsprechenden Urheber schließen (1991, 34). Der wesentliche Unterschied – um es noch einmal zu wiederholen – zwischen dem thomistischen Argument und den Argumenten William Paleys und anderer besteht darin, dass Thomas von einer inhärenten Finalität ausgeht. Eine solche, in den Dingen selbst liegende finale Kausalität bzw. Zweck- und Zielgerichtetheit führt nicht unmittelbar zur Annahme eines göttlichen Urhebers, obwohl die Rekonstruktion des thomistischen Arguments bei von Kutschera diesen Eindruck macht.

Auch ein zweiter Fehler, den von Kutschera dem fünften Weg vorhält, wurde von mir bereits an der entsprechenden Stelle widerlegt. Kutschera widerholt hier nur das, was zahlreiche Autoren gegen den fünften Weg vorgebracht haben, ohne die Argumente zu berücksichtigen, die dagegen vorgebracht wurden. Gemeint ist das folgende Gegenargument von Kutscheras: „Selbst wenn man annimmt, alle finalen Vorgänge in der Natur, die kein zielstrebiges, intelligentes Verhalten darstellen, hätten einen intelligenten Urheber, folgt daraus nicht, dass sie alle denselben Urheber haben" (1991, 33). Kurz gesagt: Selbst wenn man das Argument Thomas von Aquins akzeptieren würde, folgt daraus nicht *ein* Urheber, sondern es könnten *viele* Götter oder Demiurgen sein, die die Dinge auf ein Ziel hin lenken. Dieses Argument wird in verschiedenen Formen auch gegen die vier anderen thomistischen Argumente vorgebracht. Dazu habe ich bereits einiges gesagt. Im dritten Teil dieses Buches werde ich im Zusammenhang mit den Eigenschaften Gottes darauf zurückkommen. Bevor ich mich aber dieser Frage zuwende, möchte ich Ihnen noch einige andere Gottesbeweise vorstellen, die heute in der Religionsphilosophie diskutiert werden.

3. Weitere Gottesbeweise

Natürlich gab es bereits vor Thomas von Aquin Gottesbeweise, wie es auch nach ihm weitere Gottesbeweise gibt, bis hinein in die Gegenwartsphilosophie. Gerade in der Gegenwartsphilosophie, vor allem seit den 1990er Jahren, hat das Interesse an religionsphilosophischen Fragen im Allgemeinen und an Gottesbeweisen im Besonderen sehr stark zugenommen. Die meisten gegenwärtigen Gottesbeweise stehen in irgendeiner Beziehung zu den früheren Versuchen, für die Existenz Gottes zu argumentieren, allerdings wird heute in vielen Fällen nicht direkt für die Existenz Gottes, sondern eher für die Rationalität des religiösen Glaubens argumentiert. Aufgrund der Vorherrschaft des Empirismus in der Gegenwartsphilosophie, besonders in der analytisch orientierten Philosophie, sind viele neuere Gottesbeweise aber nicht wie bei Thomas deduktiv, sondern induktiv und damit an Wahrscheinlichkeit orientiert. Bekannt für diese Art von Gottesbeweisen ist besonders der englische Religionsphilosoph Richard Swinburne.

Ich beginne meine Vorstellung anderer Gottesbeweise aber mit dem sogenannten ontologischen Gottesbeweis, der bereits vor Thomas weit verbreitet war und besonders in der neuzeitlichen Philosophie immer wieder neu aufgegriffen und weiterentwickelt wurde. Selbst Immanuel Kant hat in seiner vorkritischen Periode, also in der Zeit, bevor er aus dem „dogmatischen Schlummer erwachte", wie er sich selbst ausdrückte, den ontologischen Beweis für die einzig mögliche Art eines Gottesbeweises gehalten. Ich werde im Folgenden zunächst die klassische Form des Arguments, wie sie sich bei Anselm von Canterbury findet, vorstellen, dann die neuzeitliche Variante bei René Descartes und dann eine Variante des Arguments aus der Gegenwartsphilosophie. Allen als „ontologische Gottesbeweise" bezeichneten Argumenten ist gemeinsam, dass sie apriorisch für die Existenz Gottes argumentieren, d.h. ohne Bezugnahme auf Erfahrungen oder Wahrnehmungen. Anders gesagt – und dies gilt besonders für das Argument Anselms –, schließen sie aus dem Begriff oder dem Wesen Gottes auf dessen Existenz.

(a) Ontologische Gottesbeweise

Nach Anselm von Canterbury muss Gott gedacht werden als das Größte, über das hinaus nichts Größeres gedacht werden kann. Gemeint ist damit, dass Gott das absolut Vollkommene ist, dass er alles nur Denkbare und über alles Denkbare hinaus Vollkommene beinhaltet. Anselm meint auch, dass dieser Begriff Gottes, „dasjenige, über das hinaus nicht Größeres gedacht werden kann", auch von unvernünftigen Menschen verstanden wird. Daraus folgert Anselm, dass etwas im Verstand existiert, über das hinaus nichts Größeres gedacht werden kann. Schließlich versteht jeder Mensch diesen Begriff gewissermaßen unmittelbar, selbst Menschen, deren Vernunft nicht besonders hoch entwickelt ist. Es scheint also gewiss zu sein, dass Gott im Verstand der Menschen existiert. Würde nun Gott nur im Verstand, nicht aber in der Wirklichkeit existieren, dann würde ihm etwas fehlen und Gott wäre nicht das Größte, Vollkommenste, über das hinaus nichts Vollkommeneres gedacht werden kann. Gott wäre nur im Verstand des Menschen, nicht aber wirklich. Dies aber widerspricht dem Begriff Gottes, wie er im Verstand ist. Deshalb muss zum Begriff Gottes als demjenigen, über das hinaus nichts Größeres gedacht werden kann, auch dessen Existenz gehören. Also existiert etwas, über das hinaus nichts Größeres gedacht werden kann, nicht nur im Verstand, sondern auch in der Wirklichkeit.

Das Argument ist sehr eingängig und wer es unvoreingenommen zum ersten Mal hört, findet es überzeugend. Bei Anselm wird das Argument in seiner Schrift *Proslogion* (Anrede) vorgetragen, und ob er es selbst im Sinne eines philosophischen Arguments verstanden hat, ist schwer zu sagen, denn der Text ist mehr ein Gebet als eine philosophische Abhandlung. Jedenfalls ist es ein echtes Argument, in dem zunächst deutlich gemacht wird, dass wir alle den Begriff Gottes erfassen können, und dann von diesem Begriff aus die reale Existenz Gottes gefolgert wird.

Selbst im Umfeld von Anselm wurde die Gültigkeit des Arguments bezweifelt und Thomas von Aquin hat gegen diesen Gottesbeweis ausführlich argumentiert. Thomas teilt Anselms Begriff Gottes, denn, wie wir gesehen haben, ist Thomas der Auffassung, dass Gottes Wesen seine Existenz ist, dass Wesenheit und Existenz bei Gott identisch sind. Allerdings *argumentiert* Thomas für diese Auffassung, denn er ist davon überzeugt, dass wir dies nicht *a priori* erkennen können. Nach Thomas beginnt jede Erkenntnis bei den Sinnen und eine Erkenntnis Gottes *a priori* ist uns nicht möglich. Dies ist denn auch im Wesentlichen das Argument gegen den ontologischen Gottesbeweis, wie Thomas es ausführlich in der *Summa contra gentiles* und kürzer in der *Summa theologiae* darlegt. Hier das Argument aus der *Summa theologiae*:

> An sich ist der Satz: Es gibt einen Gott – von selbst einleuchtend, also selbst-verständlich, denn es wird später gezeigt werden, dass Subjekt und Prädikat dieses Satzes eins sind: Gott nämlich *ist* sein Dasein. Weil aber wir nicht wissen, was Gott ist, so ist der Satz vom Dasein Gottes *für uns* nicht selbst-verständlich, muss vielmehr bewiesen werden aus den Wirkungen Gottes, die zwar der Ordnung der Natur nach später als die Ursache, also weniger *selbst*-verständlich, unserem Erkennen aber früher gegeben als die Ursache, also leichter zugänglich sind. (I.2.1)

Thomas erläutert dies mit Bezug auf Anselm im Anschluss (I.2.1 ad2), indem er darauf hinweist, dass nicht, wie Anselm meint, jeder unter „Gott" das denkt, über das hinaus nichts Größeres gedacht werden kann. So gab und gibt es Menschen, die sich Gott körperlich vorstellen. Aber selbst dann, wenn Anselm Recht hat und tatsächlich jeder Mensch diesen Begriff Gottes erfasst, folgt daraus nicht, dass man dieses mit dem Begriff „Gott" bezeichnete Wesen auch als existierend erkennt, sondern es folgt dann nur, dass wir den Begriff in unserem Denken finden. Dass dieses, was sich in unserem Denken findet, auch tatsächlich existiert, wird jeder Atheist bestreiten und insofern ist die Existenz Gottes *für uns* alles andere als selbst-verständlich.

Die meisten späteren Argumente gegen Anselms Gottesbeweis sind ganz ähnlich wie die Thomas von Aquins. In der analytischen Philosophie wurde aus sprachphilosophischer Betrachtung ein Argument gegen Anselm vorgetragen, bei dem es um den Begriff „über das hinaus nichts Größeres gedacht werden kann" geht. Bei einer solchen Beschreibung handelt es sich um eine Kennzeichnung (W. Löffler [2]2013, 55). Unter einer Kennzeichnung versteht man sprachliche Ausdrücke, die nur auf einen Gegenstand zutreffen, wie z.B. „die deutsche Bundeskanzlerin des Jahres 2015" oder „der letzte König von Frankreich". Auch „dasjenige, über das hinaus nichts Größeres gedacht werden kann" ist eine Kennzeichnung, die auf genau eine Entität, nämlich Gott, zutrifft. Aber nicht jede Kennzeichnung, selbst wenn sie sprachlich korrekt formuliert ist, bezieht sich auch tatsächlich auf eine existierende Entität. Beispiel: „der gegenwärtige König von Frankreich". Wie wir alle wissen, hat Frankreich derzeit keinen König. Anselms Argument geht nun genau davon aus, zu beweisen, dass seine Kennzeichnung Gottes auf einen Gegenstand zutrifft, eben auf Gott. Dazu müsste aber die Kennzeichnung Gottes *eindeutig* sein, wie dies in der Sprachphilosophie formuliert wird. Aber dies ist nicht der Fall, zumindest thematisiert Anselm diese Eindeutigkeit nicht.

So viel zu Anselms ontologischem Argument. Wenden wir uns nun dem ontologischen Gottesbeweis bei René Descartes zu. Descartes ist Rationalist. Als solcher misstraut er unseren Wahrnehmungen und Erfahrungen, denn wir können uns nie gewiss sein, ob diese mit der Wirklichkeit übereinstimmen (vgl. Grundkurs III, 80ff.). Daher sagen uns Wahrnehmung und Erfahrung nichts darüber, wie die Welt tatsächlich verfasst ist. Nur „klare und distinkte Ideen" sind es, die für Descartes Realität besitzen, denn es kann nicht anders sein, als dass diesen Ideen auch etwas in der Realität entspricht. Die sicherste klare und distinkte Idee ist das „ich denke" und deshalb muss ich existieren. Allerdings könnte auch ein böser Geist mir diesen Gedanken eingeben und deshalb muss Descartes einen Gottesbeweis liefern, durch den ausgeschlossen wird, dass ein böser Geist mir falsche, trügerische Ideen eingibt. Als Rationalist kann Descartes natürlich keinen Gottesbeweis akzeptieren, der wie die fünf Wege Thomas von Aquins von alltäglichen Wahrnehmungen und Erfahrungen ausgeht. Er bezieht sich deshalb auf Anselm von Canterburys Argument. Descartes hält die Idee Gottes als eines Wesens, über das hinaus nichts Größeres gedacht werden kann, für eine „klare und distinkte Idee". Gott als das absolut vollkommene Wesen, über das hinaus nichts Vollkommeneres gedacht werden kann, muss deshalb existieren. Hier übernimmt Descartes mehr oder weniger vollständig das Anselm'sche Argument, doch hat es bei ihm eine weit größere Bedeutung als bei Anselm (W. Löffler, 54f.). Denn für Descartes wird damit nicht nur die Existenz Gottes bewiesen, sondern die Realität der Außenwelt. Wenn es nämlich ein absolut vollkommenes Wesen gibt, dann kann dieses nicht böse sein, und wenn dieses Wesen, Gott, nicht böse sein kann, dann betrügt Gott auch nicht. Daraus folgt aber, dass unsere klaren und unterschiedenen, von allem anderen abgegrenzten Ideen der Wirklichkeit entsprechen und wir uns, daraus folgend, zumindest mehr oder weniger darauf verlassen können, dass auch unsere Wahrnehmungen und Erfahrungen der Wirklichkeit entsprechen. Die Bedeutung des ontologischen Gottesbeweises bei Descartes ist deshalb allumfassend. Gewisse, zuverlässige Erkenntnisse gibt es nur dann, wenn sicher ist, dass Gott existiert. Insofern hängt das ganze kartesische System von dem Beweis der Existenz Gottes ab. Dies ist bei Thomas von Aquin nicht der Fall (und wohl auch nicht bei Anselm von Canterbury).

Da sich ontologisch der kartesische Gottesbeweis nicht wesentlich von dem Gottesbeweis Anselm von Canterburys unterscheidet, gelten die Argumente gegen diesen ontologischen Gottesbeweis ebenso wie gegen Anselm.

Abschließend möchte ich noch eine moderne Variante des ontologischen Gottesbeweises vorstellen, die in einer gewissen Beziehung zu Leibniz' ontologischem Gottesbeweis steht. Das Argument Leibniz' folgt aus seinem Begriff Gottes als notwendig existierenden Wesens und ein solches Wesen kann nicht nicht existieren. Es handelt sich hier um einen modalontologischen Gottesbeweis. Unter „modal" bzw. „Modalität" versteht man die Art und Weise des Seins, nämlich ob etwas notwendig oder nur möglich, bzw. unmöglich ist. Ein gegenwärtig diskutierter modalontologischer Gottesbeweis geht zurück auf Alvin Plantinga, der nicht von der Notwendigkeit Gottes, sondern von der Möglichkeit Gottes auf dessen Existenz schließt. Weitere Vertreter ontologischer Argumente für die Existenz Gottes sind z.B. Norman Malcom und Charles Hartshorne.

Plantinga geht von der Prämisse aus, dass die Existenz Gottes möglich ist. Diese Prämisse ist wohl unumstritten und muss auch von einem Atheisten akzeptiert werden. Dass etwas möglich ist, bedeutet für Plantinga, dass es keinen logischen Widerspruch darstellt, dass Gott existiert, oder in der modernen Terminologie Plantingas – der Semantik möglicher Welten – ausgedrückt: Es gibt mindestens eine mögliche Welt W_x, in der Gott existiert. Dies bedeutet nach der Theorie möglicher Welten zunächst, dass es unzählige mögliche Welten, W_1, W_2, W_3, ... W_n, gibt, und in mindestens einer dieser möglichen Welten, wenn auch nicht in unserer gegenwärtigen aktualen Welt, könnte Gott existieren.

Im nächsten Schritt übernimmt nun Plantinga den Begriff Gottes von Anselm und Descartes, wonach Gott „maximal vollkommen" ist. Maximal vollkommen bedeutet aber, dass Gott in jeder möglichen Welt so definiert sein muss, denn ansonsten hätte man nicht den Begriff der maximalen Vollkommenheit. Der Begriff „maximal vollkommen" wird bei Plantinga näher bestimmt durch Prädikate wie allwissend, allmächtig, moralisch absolut gut usw. Setzt man also voraus, dass der Begriff Gottes mit „maximal vollkommen" richtig definiert ist, dann ist Gott nicht nur in einer möglichen Welt möglich, sondern in allen möglichen Welten. Oder in Plantingas Terminologie ausgedrückt: Der Begriff der maximalen Vollkommenheit ist möglicherweise instanziiert, d.h., es gibt eine mögliche Welt, in der ein maximal vollkommenes Wesen wirklich existiert. Da der Begriff „maximal vollkommen" aber in jeder möglichen Welt möglich ist und auch in unserer aktualen Welt, muss er auch in jeder möglichen Welt wirklich sein, denn ansonsten wäre es kein maximal vollkommenes Wesen. Also existiert Gott in unserer Welt (mehr dazu in: Moreland/W.L. Craig 2003, 496–499).

Obwohl Plantinga der Überzeugung ist, dass es sich bei seiner Version des ontologischen Arguments um ein starkes Argument handelt, gesteht er zu, dass die zentrale Prämisse „es ist möglich, dass maximale Vollkommenheit instanziiert ist" auch rational bestritten werden kann.

Grundsätzlich trifft aber auch Thomas von Aquins Argument gegen ontologische Gottesbeweise auf Plantingas Argument zu. Plantinga gesteht dies ja, wie gerade gesagt, zu, denn man kann schlicht die oberste Prämisse bestreiten, weil die Identität des Begriffs der maximalen Vollkommenheit mit der Existenz vom menschlichen Verstand nicht unmittelbar, *a priori*, erkannt werden kann.

Ein weiterer Einwand speziell gegen das Argument Plantingas, das aber mit dem thomistischen Einwand zusammenhängt, bezieht sich auf eine ontologische Interpretation der Semantik möglicher Welten. „Möglich“ wird hier logisch oder epistemisch verstanden als „vorstellbar“. Vorstellbar ist alles, was nicht logisch widersprüchlich ist; ein rundes Quadrat ist nicht vorstellbar und daher auch logisch unmöglich. Wenn Plantinga sagt, es sei möglich, dass Gott existiert, dann bedeutet dies auch, dass es nicht möglich ist, dass Gott existiert. Wenn es eine mögliche Welt gibt, in der Gott existiert, dann gibt es auch mindestens eine mögliche Welt, in der Gott nicht existiert. Doch dies ist ausschließlich logisch oder epistemisch möglich bzw. unmöglich. Über die tatsächliche, reale Möglichkeit oder Unmöglichkeit der Existenz Gottes ist damit nichts gesagt. In einem realistischen, d.h. ontologischen oder metaphysischen Sinne ist etwas möglich, das aktualisierbar ist. So ist es metaphysisch möglich, dass aus der Kastanie ein Kastanienbaum wird, denn die Kastanie ist potenziell ein Kastanienbaum. Wirklich wird der Kastanienbaum genau dann, wenn die Potenz der Kastanie aktualisiert wird. Daher ist Gott, sofern man ihn als maximal vollkommen vorstellt, metaphysisch betrachtet entweder notwendig oder unmöglich, und dies unabhängig von unserer Erkenntnisfähigkeit, unabhängig davon, ob wir dies erkennen können oder nicht. Selbst wenn also die Existenz Gottes *vorstellbar* ist, sagt dies nichts darüber aus, ob die Existenz Gottes *metaphysisch* möglich ist. Es gilt natürlich auch umgekehrt, dass die Unmöglichkeit der Vorstellbarkeit Gottes nichts über die metaphysische Existenz Gottes aussagt.

Nach dieser kurzen Vorstellung dreier verschiedener ontologischer Gottesbeweise wende ich mich nun den Gottesbeweisen zu, die auf William Paley zurückgehen und heute unter dem Begriff „Intelligent-Design-Theorien“ (ID) zusammengefasst werden. Diese Theorien sind besonders in den USA sehr verbreitet und beziehen sich auf Erkenntnisse der modernen Naturwissenschaften, insbesondere der Biologie und Evolutionstheorie.

(b) Intelligent-Design-Argumente

Diese Theorien werden zumeist als teleologische Argumente für die Existenz Gottes zusammengefasst. Sie beziehen sich auf die Alltagserfahrung, dass zahlreiche Vorgänge in unserer Umwelt, in der Natur, offensichtlich zielgerichtet sind. Die Kastanie, die in geeignete Erde gelegt wird, entwickelt sich ohne weitere menschliche Eingriffe zielgerichtet zum Kastanienbaum. Der Löwe verfolgt zielgerichtet seine Selbsterhaltung, indem er Wild jagt, um sich so zu ernähren. Aber auch die evolutionäre Entwicklung, auf die sich ID-Theoretiker gerne beziehen, erweckt den Eindruck, als ob diese evolutionären Prozesse zielgerichtet auf die Hervorbringung eines bestimmten Ergebnisses gerichtet seien. So vertreten die ID-Theoretiker die Hypothese, dass der gesamte evolutionäre Prozess darauf gerichtet ist, den Menschen und damit den menschlichen Geist hervorzubringen. Im Unterschied zum klassischen teleologischen Argument bezieht sich die ID-Theorie, und bereits William Paley, direkt auf Erkenntnisse der Naturwissenschaften und argumentiert wie diese induktiv. Damit sind die Beweise für die Existenz Gottes nur wahrscheinlich und nicht, wie bei deduktiven Argumenten, zwingend.

Paleys Argument für die Existenz Gottes geht davon aus, dass das Universum, ähnlich wie bestimmte menschliche Artefakte, extrem komplex und zugleich sehr geordnet ist. Paley sagt nun, dass es sehr unwahrscheinlich ist, dass die Ordnung in einem derartig komplexen Universum allein durch Zufall entstanden sein kann. Daher liegt es nahe, einen sehr intelligenten Designer anzunehmen, der diese Komplexität geordnet und damit das Universum erschaffen hat. Wie auch moderne ID-Theoretiker, erläutert Paley seine Hypothese mit Hilfe von bestimmten menschlichen Organen wie dem Auge und komplexen, höher entwickelten Tieren. In der modernen ID-Theorie spielen zudem mathematische Berechnungen der Wahrscheinlichkeit solcher komplexen Entitäten eine wichtige Rolle. Wie wahrscheinlich ist es, so fragen moderne ID-Theoretiker, dass sich so komplexe Phänomene wie das menschliche Auge allein durch physikalische Prozesse auf der Grundlage der elementaren Bausteine der Natur von selbst zusammensetzen? Diese Wahrscheinlichkeit ist so gering, dass sie fast null ist. Da aber keine andere Erklärung solche komplexen Entitäten zu erklären vermag, ist es sehr wahrscheinlich, dass sie durch einen intelligenten Planer hervorgebracht wurden.

Das Design-Argument ist daher vor allem ein Analogie-Argument, d.h., es wird eine Analogie zwischen komplexen menschlichen Artefakten und natürlichen Entitäten oder Prozessen hergestellt, woraus gefolgert wird, dass auch die natürlichen Entitäten wie Artefakte hergestellt oder geschaffen sein müssen.

Winfried Löffler (^{2}2013, 69) hat das Design-Argument folgendermaßen zusammengefasst:

„1. Verschiedene Naturphänomene sind nur erklärbar, wenn man sie als Resultat von intelligenter Planung betrachtet.
2. Jede intelligente Planung verweist auf eine planende Intelligenz.
3. Die planende Intelligenz liegt nicht in diesen Phänomenen selbst.
4. Also gibt es eine planende Intelligenz außerhalb dieser Phänomene.
5. Diese planende Intelligenz kann mit Gott im Sinne des Theismus gleichgesetzt werden.“

Von thomistischer Seite gibt es mehrere Einwände gegen Paleys Gottesbeweis und gegen die Vertreter des Intelligent-Design-Theorie. Die wichtigsten Punkte gegen diese Art teleologischer Gottesbeweise habe ich schon weiter oben im Zusammenhang mit dem fünften Weg erläutert. Zunächst muss betont werden, dass der teleologische Gottesbeweis der ID-Theorie bestenfalls einen intelligenten Designer nach Art eines deistischen Gottes beweisen kann. Das ist ein „Gott“, der die natürlichen Prozesse und Entitäten erschaffen hat, ähnlich wie Menschen Artefakte wie Autos, Uhren oder Computer und Handys herstellen, und sich dann vom Weltgeschehen zurückgezogen hat, da dieses nun planmäßig wie ein Computerprogramm oder eine Uhr abläuft. Das ist aber sicher nicht der Gott des klassischen Theismus. Weiterhin ist von thomistischer Seite gegen die ID-Theorie einzuwenden, dass sie einen sogenannten „Lückenbüßer-Gott" beweist. Der „Gott" der ID-Theorie ist nämlich ein „Gott", der auf der Grundlage vorhandener empirischer Daten erklärt wird. So sind nach derzeitigem Stand der Wissenschaft bestimmte komplexe Entitäten und ihre Entstehung im Verlauf der evolutionären Entwicklung (noch) nicht erklärbar und der Wissenschaftler wird einwenden, dass es im Verlauf der weiteren Forschung zumindest prinzipiell möglich sein werde, diese Erklärungslücken zu schließen. Auch wenn die Wahrscheinlichkeit einer spontanen Entstehung komplexer Entitäten nur sehr gering ist, ist dies nicht prinzipiell ausgeschlossen. Dies wird auch von Vertretern der ID-Theorie grundsätzlich zugestanden. Dass dies so ist, hängt damit zusammen, dass die Argumente der ID-Theorie typischerweise als eine Art quasi-naturwissenschaftlicher Argumente dargestellt werden. Hier besteht ein deutlicher Unterschied zu Thomas von Aquins fünftem Weg, bei dem es sich um einen philosophischen Gottesbeweis handelt, der unter der Voraussetzung der Prämissen notwendigerweise die Existenz Gottes beweist.

Der wichtigste Einwand von Seiten der aristotelisch-thomistischen Philosophie gegen Paley und seine Vertreter in der ID-Theorie ist aber die falsche, nämlich mechanistische Weltauffassung, die diesen Theorien zugrunde liegt. Und aus dieser mechanistischen Weltanschauung (im weitesten Sinne) folgt auch die fehlende Unterscheidung von Artefakten und natürlichen Gegenständen und damit zusammenhängend die fehlende Unterscheidung zwischen interner und externer Finalität, die ich weiter oben ausführlicher diskutiert habe (Brian Davies ³2004, 86ff.) Paley und seine Gefolgsleute in der ID-Theorie folgen dem naturwissenschaftlichen Weltbild, wie es zu Beginn der Neuzeit von Descartes, Galilei, Newton und anderen entwickelt wurde und bis in die Gegenwart hinein, wenn auch mit erheblichen Änderungen, vertreten wird. Danach gibt es keine in den natürlichen Dingen liegende Ziel- und Zweckgerichtetheit, sondern nur – stark vereinfacht gesagt – ein zufälliges, zweck- und zielfreies und letztlich sinnloses Aufeinandertreffen von Atomen und Molekülen, die sich zu immer weiteren komplexen Gebilden zusammenballen. Während die Evolutionstheorie diese Prozesse auch bei der Entstehung der Lebewesen und der Arten, einschließlich des Menschen, am Werk sieht, bestreitet dies die ID-Theorie, indem sie auf die geringe Wahrscheinlichkeit solcher komplexer Entitäten allein durch zufällige Zusammenballung verweist. Die aristotelisch-thomistische Philosophie stellt hingegen gerade dieses mechanistische Weltbild in Frage, das nichts anderes als Wirkursachen kennt (die zudem stark reduktionistisch interpretiert werden), indem sie die Vier-Ursachen-Lehre dagegensetzt. Jede vollständige Erklärung einer Entität oder eines Prozesses, eines Ereignisses, erfordert die Erklärung durch alle vier Arten von Ursachen, von denen die Ziel- oder Zweckursache die wichtigste und erste ist, wie Thomas betont.

Die ID-Theorie ist deshalb nicht nur unvollständig, sie ist schlicht falsch und für einen Vertreter der aristotelisch-thomistischen Philosophie nicht akzeptabel. Die Tatsache, dass *A* regelmäßig zu *B* führt, dass *A* die Wirkursache von *B* ist, bedeutet nach Aristoteles nichts weniger, als dass *B* das Ziel von *A* ist, dass *B* die Zielursache von *A* ist. Dabei spielt es überhaupt keine Rolle, ob dieser Prozess komplex oder völlig simpel ist. Selbst wenn es nur eine einzige Entität im Universum gäbe, beispielsweise ein Wasserstoffatom, bei dem sich zwei Elektronen um den Atomkern bewegten, würde dies für einen Gottesbeweis im Sinne Thomas von Aquins ausreichen (vgl. Reginald Garrigou-Lagrange1934, 345ff.). Doch aus dieser Tatsache folgt noch nicht die Existenz Gottes. Aristoteles, von dem die Vier-Ursachen-Lehre stammt und der auch die Finalursache in diesem Sinne verstanden hat, hat auf dieser Grundlage nicht auf die Existenz Gottes geschlossen. Hierzu sind eine Reihe weiterer Argumente nötig, die Thomas von Aquin in seinem fünften Gottesbeweis vorstellt. Genau wegen dieser eindeutigen Differenz zwischen der ID-Theorie und dem fünften Weg Thomas von Aquins gehen auch die Argumente von Seiten der „Neuen Atheisten" und anderer Kritiker der ID-Theorie ins Leere, wenn sie meinen, damit auch zugleich den fünften Weg widerlegt zu haben.

Gegen die Argumente William Paleys und der ID-Theorie richten sich insbesondere der Angriffe der „Neuen Atheisten", deren bekanntester Vertreter Richard Dawkins (Der Gotteswahn, 2008) ist. Vertreter dieses sogenannten „Neuen Atheismus" argumentieren gegen die ID-Theorie mit Hilfe der Evolutionstheorie, allerdings unter der Annahme, dass sie damit auch alle anderen Gottesbeweise und insbesondere den fünften Weg Thomas von Aquins widerlegen würden, was, wie gesagt, falsch ist. Die Evolutionstheorie erklärt auch alle komplexen Entitäten „von unten nach oben", nämlich durch Mutation und Selektion. Die Arten und Gattungen sind nicht von Anfang an da und von Gott geschaffen, sondern aus unbelebter Materie durch zufällige Änderungen des Erbgutes und nachfolgende Selektion der überlebensfähigsten Arten hervorgegangen. Hier wird die Entstehung der Arten kausal im Sinne der effizienten Kausalität zu erklären versucht. Dieses Bild der Entstehung der Lebewesen bis hin zum Menschen ist auch im heutigen Weltverständnis der meisten Menschen tief verankert. Damit will ich nicht behaupten, dass es durchgehend richtig und plausibel sei. Die Einwände von Seiten der ID-Theorie gegen diese evolutionäre Weltanschauung sind an einigen Stellen durchaus überzeugend. David Oderberg (2007, 193ff.) hat – anders als die ID-Theorie – zudem gezeigt, dass es *prinzipiell* ausgeschlossen ist, dass aus unbelebter Materie Leben entstehen kann. Aber daraus folgt noch nicht die Existenz eines persönlichen Gottes im Sinne des klassischen Theismus.

Auch die Verbesserung der ID-Theorie bzw. der modernen teleologischen Argumente durch das sogenannte *fine tuning argument*, also das Argument über die Feinabstimmung des Universums, ändert nichts grundsätzlich an der aristotelisch-thomistischen Kritik an der ID-Theorie. Dieses Argument nimmt Bezug auf physikalische Berechnungen, nach denen die Expansion des Universums und viele andere Konstanten unseres Universums wie die Stabilität der Atome und das Leben auf der Erde sowie die gesamte Evolution nicht möglich gewesen wären ohne genau die Anfangsbedingungen des Universums, wie wir sie heute kennen. Schon extrem minimale Abweichungen von diesen Ausgangsbedingungen hätten eine Expansion entweder von vornherein verhindert, oder die Expansion wäre im Chaos verlaufen. Dies gilt z.B. für die Gravitationskonstante, die starke Wechselwirkung (durch die die Masse der Protonen und Neutronen im Atomkern zusammengehalten wird) und für vieles andere mehr (W. Löffler [2]213, 71). Gegen all diese Argumente lassen sich die üblichen Einwände gegen teleologische Argumente in Feld führen, die aber nicht auf Thomas von Aquins fünften Gottesbeweis zutreffen, obwohl dies immer wieder behauptet wird, wohl aus Unkenntnis der Andersartigkeit des fünften Weges. Die ID-Theorie kann (1) nicht begründen, dass der „intelligente Designer" Gott ist, noch, dass es sich um *einen* Designer und nicht um mehrere handelt. (2) Bei Wahrscheinlichkeitsargumenten wie denen der ID-Theorie lässt sich die Wahrscheinlichkeit nur sehr schwer oder gar nicht abschätzen. Woher wissen wir, dass es nahezu unmöglich ist, dass die Entstehung neuer Arten oder komplexer Phänomene nicht doch durch bloßen Zufall geschieht? Wenn man das berühmte Beispiel Paleys aufgreift: Wenn jemand am Strand eine Uhr findet, wird er sofort auf einen Uhrmacher schließen, der diesen Gegenstand hergestellt hat. Er wird nicht auf die Idee kommen, dass diese Uhr spontan durch eine zufällige Konstellation von Bauteilen entstanden ist. Doch dieses Modell ist nicht direkt auf die Natur übertragbar, was Paley bekanntlich tut. Uhren findet man gewöhnlich nicht am Strand, wie man dort Muscheln oder Treibholz findet. Uhren werden gewöhnlich immer von Uhrmachern hergestellt und nicht durch zufällige, spontane Kombination von Teilen, die es zudem in der Natur gar nicht gibt. Doch beim Universum gibt es einen solchen Vergleich nicht. Wir können gar nicht wissen, welche anderen Universen möglich wären. Wir kennen nur dieses Universum mit diesen Ausgangsbedingungen und all den Entitäten, die wir kennen.

Natürlich lassen sich auch gegen diese Einwände neue Argumente vorbringen, die z.T. sinnvoll sind, doch führen sie nicht wirklich weiter, denn selbst wenn die Argumente der ID-Theorie richtig sind, folgt daraus nicht die Existenz eines personalen Gottes im Sinne des klassischen Theismus. Dies wird zwar auch gegen Thomas behauptet, doch werde ich später im Kapitel über die Eigenschaften Gottes zeigen, dass dieser Vorwurf falsch ist. Einiges habe ich dazu ja bereits bei der Vorstellung der fünf Wege gesagt.

(c) Kosmologische Gottesbeweise

Unter dem Begriff „kosmologische Gottesbeweise“ werden eine Reihe unterschiedlicher Gottesbeweise zusammengefasst. Zumindest die ersten drei Gottesbeweise Thomas von Aquins werden als kosmologische Beweise bezeichnet. Im Unterschied zu ontologischen Gottesbeweisen gehen die kosmologischen Beweise von realen Verhältnissen in der Welt aus und werden deshalb auch als *aposteriorische* Beweise bezeichnet, im Unterschied zu den *apriorischen* Gottesbeweisen. Auch nach Thomas wurden verschiedene kosmologische Beweise für die Existenz entwickelt, von denen ich hier einige kurz vorstellen möchte.

Am bekanntesten ist der kosmologische Gottesbeweis von Leibniz, der nicht nur für seinen ontologischen Beweis bekannt ist. Für Leibniz ist eines der obersten philosophischen Prinzipien der „Satz vom zureichenden Grund“ (lat. *principium rationis sufficientis*), für den es unterschiedliche Formulierungen gibt. Die einfachste Formulierung ist: „Nichts ist ohne Grund“. Natürlich ist der Satz nicht von Leibniz erfunden worden, sondern das damit Gemeinte findet sich schon in den Anfängen der Philosophie. Bei Leibniz ist dieser Satz aber das Fundament der Philosophie und so spielt er auch für seinen kosmologischen Beweis eine zentrale Rolle. Bei Leibniz lautet die Formulierung des Satzes: „Im Sinne des zureichenden Grundes finden wir, dass keine Tatsache [*fait*] als wahr oder existierend gelten kann und keine Aussage [*Enonciation*] als richtig, ohne dass es einen zureichenden Grund [*raison suffisante*] dafür gibt, dass es so und nicht anders ist, obwohl uns diese Gründe meistens nicht bekannt sein mögen“ (Monadologie, § 32). Dieses grundlegende philosophische Prinzip, das weniger ein ontologisches als vielmehr ein erkenntnistheoretisches Prinzip darstellt, spielt nun auch für den kosmologischen Gottesbeweis bei Leibniz eine herausragende Rolle. Die Gemeinsamkeit mit den Gottesbeweisen Thomas von Aquins besteht darin, dass auch Leibniz keinen Anfang der Welt annimmt oder voraussetzt.

Leibniz geht aus von der Tatsache der Kontingenz der Dinge und Ereignisse in unserer Welt, also von der Tatsache, dass die meisten Dinge unserer Erfahrungswelt auch nicht sein könnten und früher einmal nicht waren und irgendwann einmal nicht mehr sein werden. Dass dies so ist, hat nach Leibniz einen „zureichenden Grund". Jeder Grund kann allerdings selbst wieder seinen Grund in einem anderen zureichenden Grund haben und die Kette der Gründe könnte auch unendlich zurückreichen. Allerdings stellt sich dann die Frage, warum es überhaupt solche Ketten von Gründen gibt, seien diese nun endlich oder unendlich lang. Und weiter kann man fragen, warum es überhaupt eine Welt gibt, denn auch diese Ketten von Gründen und die Welt im Ganzen sind kontingent, sie müssen nicht notwendigerweise existieren. Also ist ein zureichender Grund dafür erforderlich, dass es diese Ketten von Gründen für die Existenz einer Entität oder eines Ereignisses gibt. Kein Teil der Welt kann aber selbst ein zureichender Grund für die Existenz der Welt selbst sein, denn jeder Teil der Welt ist ja selbst kontingent und bedarf einer Begründung durch einen zureichenden Grund. Daraus zieht Leibniz den Schluss, dass es einen zureichenden Grund dafür geben muss, dass es die Welt und auch die Ketten der zureichenden Gründe in der Welt gibt. Und dieser zureichende Grund, der nicht selbst Teil der Welt ist, sondern „außerhalb" der Welt, ist selbst ohne Grund. Dieser letzte zureichende Grund wird von Leibniz als „Gott" bezeichnet (vgl. W. Löffler ²2013, 61; E. Feser 2015, 134).

Dem naheliegenden Einwand, warum es nicht ausreiche, einen innerweltlichen zureichenden Grund für ein Ereignis oder eine Entität zu finden, begegnet Leibniz mit einer Unterscheidung zweier Arten von Notwendigkeit. Innerweltliche Gründe sind nach Leibniz immer nur hypothetischer Art. Sie sind Gründe für etwas unter der Voraussetzung, dass es die Welt gibt. Demgegenüber kann ein zureichender Grund für die Existenz der Welt selbst keine hypothetische Notwendigkeit sein. Für die Erklärung der Welt selbst ist eine metaphysische Notwendigkeit erforderlich, so etwas wie eine absolute Notwendigkeit, und diese Notwendigkeit kommt nur Gott zu.

Auch der Einwand, dass es ausreichend sei, einzelne Ereignisse oder Entitäten zu erklären, geht an dem Argument vorbei. Denn eine kontingente Entität ist nicht mehr notwendig als alle kontingenten Dinge der Welt bzw. diese als ganze oder umgekehrt. Der Einwand beruht auf einem sogenannten Fehlschluss der Komposition: Wenn alle Atome, aus denen eine Kastanie besteht, farblos sind, muss auch die Kastanie farblos sein. Angewendet auf das kosmologische Argument Leibniz', würde dies besagen: Wenn alle Entitäten in der Welt kontingent sind, ist auch die Welt als ganze kontingent. Man könnte Leibniz nun diesen Fehlschluss unterstellen, denn es ist zunächst nicht ausgemacht, dass das, was für die Teile gilt, auch auf das Ganze zutrifft. Allerdings ist der Fehlschluss der Komposition hier nicht anwendbar, sondern er gilt nur dort, wo es ein echtes Teil-Ganzes-Verhältnis gibt, wie im Beispiel mit den Atomen und der Kastanie. Ein Sandkorn und ein weiteres Sandkorn und zehn oder 10.000 Sandkörner ändern nichts an den Eigenschaften. Oder, um ein Beispiel Fesers zu verwenden (2015, 135): Wenn ein roter Legostein und noch ein roter Legostein und viele weitere rote Legosteine verwendet werden, um damit eine Wand aus Legosteinen zu bauen, dann ist auch diese Wand rot. Hierbei kann ich also durchaus von den einzelnen roten Legosteinen auf die rote Wand aus Legosteinen schließen. Und ähnlich verhält es sich bei den Teilen der Welt und der Welt als ganzer. Wenn kein Teil in der Welt (metaphysisch) notwendig ist, dann ist auch die Welt als ganze nicht (metaphysisch) notwendig.

Ein weiteres kosmologisches Argument unterscheidet sich von Leibniz und Thomas dadurch, dass es von einem zeitlichen Anfang des Universums ausgeht. Argumente dieser Art werden heute oft unter dem Begriff „*kalam*-Gottesbeweis“ zusammengefasst, weil sie auf die *kalam*-Tradition in der islamischen Philosophie des Mittelalters zurückgehen. Der bekannteste Vertreter dieser Art von Gottesbeweisen in der Gegenwartsphilosophie ist der amerikanische Religionsphilosoph William Lane Craig (2003, 465ff.; 2008).

William Lane Craig verwendet für sein Argument Erkenntnisse der modernen Kosmologie, die darauf hinweisen, dass es tatsächlich einen Anfang des Universums gibt. Die sogenannte Big-Bang-

Theorie, die auf Deutsch zumeist als Urknalltheorie bezeichnet wird, ist seit einigen Jahrzehnten in der Tat als Standardmodell des Universums anerkannt. Dafür gibt es auch einige empirische Beweise, wie den zweiten Hauptsatz der Thermodynamik oder die sogenannte Hintergrundstrahlung, d.i. die aus dem Jahre 1965 stammende Entdeckung einer richtungsmäßig gleichmäßigen Strahlung aus allen Regionen des Himmels, die bei drei Grad Kelvin liegt. Dies wurde und wird interpretiert als ein „Nachglühen" des Urknalls. Ich erspare mir hier die Erläuterung dieser physikalischen Theorien, zumal sie für das Argument Craigs letztlich keine besondere Rolle spielen. Natürlich sind alle diese Beweise, wie bei empirischen Beweisen und Theorien im Allgemeinen üblich, nicht unumstritten, doch werden sie heute von den meisten Physikern als Hinweise auf einen Anfang des Universums anerkannt. Allerdings sind diese empirischen Beweise für Craig nicht entscheidend und er könnte auch ohne diese naturwissenschaftlichen Beweise, allein auf metaphysischer Grundlage, für eine erste Ursache des Universums argumentieren, wie dies im klassischen *kalam*-Argument auch tatsächlich geschieht. Die metaphysischen Argumente versuchen u.a. zu zeigen, dass ein aktual unendliches Universum ohne Anfang nicht möglich ist und zu Absurditäten führt. Denn bei einem solchen Universum würde es sich um eine aktual unendliche Anzahl von Dingen handeln. Ein potenziell unendliches Universum stellt hingegen kein Problem dar, da es sich hier um eine endliche Ansammlung handelt, zu der immer wieder neue Elemente hinzugefügt werden könnten. Eine Reihe von Dingen ohne einen Anfang in der Zeit würde aber ein *aktual* unendliches Universum bedeuten, und ein solches ist in einer Welt raumzeitlicher Entitäten unmöglich. Als Beweis dafür verweist Craig unter anderem auf das sogenannte Paradox eines unendlichen Hotels des Mathematikers Hilbert (W.L. Craig 2003, 471f.). So lässt sich das *kalam*-Argument in der Version von Craig folgendermaßen zusammenfassen (Feser 2015, 136):

1. Es gibt keine aktual unendliche Ansammlung von Entitäten.
2. Ein Universum ohne einen Anfang würde ein aktual unendliches Universum konstituieren.
3. Deshalb muss das Universum einen Anfang haben.

4. Alles, was einen Anfang seiner Existenz hat, hat eine Ursache.
5. Also hat das Universum eine Ursache.

Mit weiteren Argumenten versucht nun Craig zu zeigen, dass eine solche Ursache des Universums Eigenschaften haben muss, die üblicherweise allein Gott zugesprochen werden. Denn eine solche Ursache des Universums kann nicht selbst räumlich oder zeitlich sein, sie kann nicht veränderbar sein, sie muss selbst ohne Anfang sein, immateriell, unverursacht, mächtig, eine und nicht mehrere, und diese Ursache muss eine Person sein. Die Darstellung dieser Argumente ist sehr umfangreich und würde den Rahmen dieser kurzen Vorstellung des *kalam*-Gottesbeweises sprengen. Ich halte diesen Gottesbeweis zudem für schwach und leicht angreifbar. Zumindest ist er kaum weniger voraussetzungsreich als die Gottesbeweise Thomas von Aquins. Die Argumente, die gegen die fünf Wege Thomas von Aquins vorgebracht werden, finden sich auch in der Auseinandersetzung mit dem *kalam*-Gottesbeweis.

(d) Richard Swinburne

Eine besondere Stellung in der Diskussion der Gottesbeweise nimmt der Oxforder Philosoph Richard Swinburne ein, der vermutlich derzeit zu den bekanntesten Religionsphilosophen gehört. Seine Vorgehensweise unterscheidet sich von der bisherigen darin, dass er verschiedene Argumente für die Existenz Gottes kumuliert und mit Hilfe der Wahrscheinlichkeitstheorie (Bayesianische Theorie der Bestätigung wissenschaftlicher Hypothesen) die Wahrscheinlichkeit für die Existenz bzw. gegen die Existenz Gottes berechnet. Er argumentiert also ähnlich wie ein Naturwissenschaftler, der eine Hypothese durch verschiedene Theorien zu bestätigen versucht. Swinburne ist überzeugt, dass die Argumente, die ich Ihnen bisher vorgestellt habe, alle gescheitert sind. Er ist der Auffassung, dass es keine logisch zwingenden Argumente für die Existenz Gottes gibt, weil unsere Welt, auch logisch betrachtet, ohne Gott existieren könnte. Swinburnes philosophischer Hintergrund ist eher empiristisch und deshalb lehnt er sowohl die thomistische Kausaltheorie als auch den Satz vom zureichenden Grund ab, so dass ein metaphysisches Fundament für die Gottesbeweise bei ihm fehlt. Stattdessen sucht er nach empirisch fundierten Hinweisen für die Existenz Gottes. Doch hier bezieht er sich nicht auf ein bestimmtes Argument, sondern kritisiert die bisherige Religionsphilosophie dahingehend, dass diese die Möglichkeit einer Verbindung verschiedener Argumente für die Existenz Gottes übersehen habe. Durch die Kumulation der Argumente, die für die Annahme der Existenz Gottes sprechen, könne diesem Missstand abgeholfen werden und damit die Wahrscheinlichkeit für die Annahme der Existenz Gottes erhöht werden. Während also ein bestimmtes Argument *A* für die Existenz Gottes nur eine geringe Überzeugungskraft besitzt, zumal immer Gegenargumente vorhanden sind, die diesen Beweis in Frage stellen, kann man durch die Hinzunahme der Argumente *B*, *C* und *D* für die Existenz Gottes die Wahrscheinlichkeit erhöhen, die für die Annahme der Existenz Gottes spricht. Insofern lehnt Swinburne nicht grundsätzlich die bisherigen Argumente für die Existenz Gottes rundweg ab, sondern schlägt vor, diese als Wahrscheinlichkeitsargumente zu rekonstruieren, wodurch sie natürlich nicht mehr logisch zwingend sind. Mit Hilfe dieser Methode kommt Swinburne dann zu dem Ergebnis, dass die Wahrscheinlichkeit für die Existenz auf jeden Fall größer ist als die Wahrscheinlichkeit, dass Gott nicht existiert. Natürlich ist damit keine Gewissheit verbunden, aber es kann durchaus sinnvoll sein, an Gott zu glauben, und die Wahrscheinlichkeit, dass dieser Glaube der Wahrheit entspricht, ist höher als die Wahrscheinlichkeit des Unglaubens (vgl. W. Löffler ²2013, 82ff.).

Auch Thomas von Aquin stellt uns gleich fünf verschiedene Argumente für die Existenz Gottes vor. Im Unterschied zu Swinburne ist er aber der Überzeugung, dass jedes einzelne Argument logisch zwingend ist, sofern man die metaphysischen Voraussetzungen akzeptiert. Deshalb würde ein einziges Argument ausreichen, um die Existenz Gottes zu beweisen. Jedenfalls liegt es nicht in der Absicht Thomas von Aquins, die Wahrscheinlichkeit für die Existenz Gottes dadurch zu erhöhen, dass er gleich fünf Argumente vorträgt.

Kehren wir nun zurück zu der Argumentation Swinburnes für die Existenz Gottes. Wie gesagt, trägt Swinburne eine Reihe verschiedener Gründe für die Annahme der Existenz Gottes vor und wendet darauf in atypischer Weise (W. Löffler [2]2013, 83) die Bayesianische Bestätigungstheorie an. Wir können hier eine Erklärung dieser komplizierten Theorie übergehen, da sie für die Auseinandersetzung und das Verständnis der Swinburne'schen Argumentation keine so große Rolle spielt. Swinburne (1987, 2005; vgl. auch Löffler [2]2013, 84ff.) geht folgendermaßen vor: er geht aus von verschiedenen Erfahrungen. Solche religiösen Erfahrungen sind gerechtfertigt, wenn man den Personen, die diese berichten, trauen kann, wenn es sich um ehrliche und vertrauenswürdige Personen handelt und das, was sie berichten, nicht anderen Tatsachen und Erfahrungen deutlich widerspricht. Swinburne spricht hier von *Principles of Credulity* oder *Testimony*, also Prinzipien der Glaubwürdigkeit oder des Zeugnisses. Diese Erfahrungen von Gläubigen beinhalten die Annahme der Existenz Gottes. Sofern die Erfahrungen wirklich glaubwürdig sind, kann man sie als wahr annehmen. Diesen Berichten kann man so lange trauen, solange die Existenz Gottes nicht durch andere schwerwiegende Gründe widerlegt werden kann oder als sehr unwahrscheinlich erscheint. Swinburne fährt fort, indem er zeigt, dass die Existenz eines göttlichen Wesens nicht in sich selbst widersprüchlich ist, was natürlich bedeuten würde, dass ihre Ausgangswahrscheinlichkeit gleich null wäre.

Nun führt Swinburne fünf bis sechs allgemeine Charakteristika unserer Welt an, die in sich selbst betrachtet sehr unwahrscheinlich sind. Diese Phänomene werden nach Swinburne am besten durch die Existenz eines Gottes erklärt (Schluss auf die beste Erklärung). Obgleich es Belege sind, die als einzelne betrachtet eher schwach sind, wird durch ihre Kumulation die Wahrscheinlichkeit für die Existenz Gottes erhöht. Es handelt sich um folgende Belege:

1. die Existenz unseres Universums, das sehr komplex ist;
2. die Ordnung im Universum;
3. die Existenz von Wesen mit Bewusstsein;
4. das Zusammenpassen der Bedürfnisse von Menschen und Tieren mit den bestehenden Umweltverhältnissen;
5. das Vorkommen von Wundern;
6. die Feinabstimmung des Universums, ohne die all die Dinge, die wir heute kennen, nicht möglich wären.

Jeder einzelne dieser Belege ist, wie gesagt, für sich genommen noch kein Beleg für die Existenz Gottes, zusammengenommen spricht aber einiges dafür, dass hinter diesen Erscheinungen ein intelligenter Planer stehen könnte.

Als Beleg gegen die Existenz Gottes sieht Swinburne nur ein einziges Phänomen, nämlich das Übel und Leid in der Welt. Allerdings sagt Swinburne, dass ein Gott im Sinne des klassischen Theismus gute Gründe dafür haben könnte, diese Übel zuzulassen, z.B. damit die Menschen durch Erkenntnisse auf verschiedenen Gebieten und die Entwicklung von Technologie sich dagegen wehren und damit einen Fortschritt produzieren. Daher ist dieses Argument gegen die Existenz Gottes nach Swinburnes Meinung eher schwach und kann die zuvor genannten Belege nicht entkräften. Außer dem Übel gibt es nach Swinburne aber keine weiteren ernsthaften Belege gegen die Existenz Gottes. Dies bedeutet aber, dass angesichts der zuvor genannten Belege die Existenz Gottes nicht sehr unwahrscheinlich ist, sondern eher wahrscheinlich. Selbst wenn diese Wahrscheinlichkeit eher gering ist, so ist sie doch größer als die Wahrscheinlichkeit der Nichtexistenz Gottes, also größer als 0,5 bzw. größer als 50 Prozent.

Grundlegend für die ganze Argumentation ist die religiöse Erfahrung, die nicht selbst ein Argument ist, sondern eben „dessen wesentlicher Teil“ (W. Löffler [2]2013, 84). Doch damit, und nicht nur damit, ist die Argumentation stark subjektiv geprägt. Denn auch die Wahrscheinlichkeitstheorie, mit deren Hilfe berechnet wird, wie wahrscheinlich die Existenz Gottes im Vergleich zu seiner Nichtexistenz ist, ist im Wesentlichen, subjektiv. Wie wahrscheinlich etwas ist, hängt ab von der persönlichen Überzeugung der Beobachter. Selbst wenn sehr viele Beobachter zu der Überzeugung kommen, dass eine bestimmte Hypothese richtig ist, bedeutet dies noch nicht, dass sie auch tatsächlich wahr ist. Dies ist einer der Einwände gegen Swinburne. Es gibt eine Vielzahl weiterer Argumente, die seit der Veröffentlichung von Swinburnes Gottesbeweisen vorgebracht wurden, von denen ich hier nur einige erwähnen möchte.

So wurden Einwände dagegen vorgebracht, dass die Kumulation von Argumenten die Wahrscheinlichkeit erhöhe. Auch die von Swinburne genannten Belege für die Existenz Gottes wurden hinterfragt, wie die Beurteilung des Übels, die Bedeutung von Wundern, die in der Philosophie seit David Hume sehr umstritten sind, oder die Ordnung und Schönheit des Universums, deren Beurteilung als subjektiv verstanden wird. Besonders die Verwendung der Wahrscheinlichkeit wird von den Kritikern angegriffen, weil eine wirklich objektive Abschätzung der Wahrscheinlichkeit kaum möglich ist.

Winfried Löffler ([2]2013, 86) hat zudem einen Einwand vorgebracht, den ich für zutreffend halte und den ich deshalb kurz erwähnen möchte: Löffler macht deutlich, dass die Wahrscheinlichkeitsargumente von Swinburne, „näher betrachtet, doch wieder auf ein großangelegtes Kontingenzargument hinauslaufen“, also auf ein Argument, wie es sich bei Thomas von Aquin und in anderer Form bei Leibniz findet. Der Verdacht kam Löffler zunächst dadurch, dass das Argument Swinburnes eigentlich eine stärkere Schlussfolgerung zuließe, als er sie tatsächlich daraus zieht. Verglichen mit einem Indizienprozess vor Gericht, würden sechs „voneinander unabhängige Indizien insgesamt einen erdrückenden Beweis gegen eine tatverdächtige Person liefern“. So müssten auch die Beweismittel Swinburnes die Existenz Gottes fast als Gewissheit erscheinen lassen. Löffler hat probeweise Zahlenwerte in der Wahrscheinlichkeitsberechnung eingesetzt und kommt dabei zu einem Ergebnis, dass die Wahrscheinlichkeit der Existenz Gottes nahe an 1, d.h. nahe an 100 Prozent liegt. Damit folgt die Existenz Gottes fast zwingend, wie bei Leibniz' Kontingenzbeweis, aus dem Beweismaterial, das von Swinburne angeführt wird. Die von Swinburne genannten Belege, die ich weiter oben genannt habe, ergeben nur dann eine hohe Wahrscheinlichkeit, wenn es dafür einen „zureichenden Grund“ gibt, d.h. eine Ursache, ohne die diese Tatsachen nicht existieren können.

Grundsätzlich ist gegen Swinburne einzuwenden, dass sein Gottesbegriff dem klassischen Theismus widerspricht. Swinburne gehört zu den Religionsphilosophen und Theologen, die von Brian Davies (2006) als theistische Personalisten bezeichnet werden und sich selbst gelegentlich als „Neotheisten" bezeichnen (Norman Geisler 2012). Diese Gruppe von Religionsphilosophen, zu denen auch der schon früher erwähnte Alvin Plantinga gehört, vertreten einen personalen Gottesbegriff, dessen Personalität stark anthropomorph gefärbt ist. So existiert Gott in der Zeit, Gott ist veränderlich und seine Allwissenheit ist darauf beschränkt, alles das zu wissen, was man wissen kann, wie Swinburne sagt, und dazu gehört z.B. nicht die freie Willensentscheidung des Menschen. Damit ist zugleich die Allmacht Gottes, eines der zentralen Attribute Gottes im klassischen Theismus, deutlich beschnitten.

(e) Andere Argumente für die Existenz Gottes

Es gibt noch eine Reihe älterer Argumente für die Existenz Gottes, die zum Teil aus der neuscholastischen Philosophie des 19. und 20. Jahrhunderts stammen, die aber auch heute gelegentlich wieder in der Religionsphilosophie diskutiert werden. Einige davon möchte ich abschließend noch vorstellen (vgl. auch Kälin, 407ff.; M.W. Shallo, 341ff.; J. Gredt, 183ff.; R.P. Phillips, 298ff.).

1. Das Argument aus den ewigen Wahrheiten

Dieses Argument geht davon aus, dass die obersten Erkenntnisprinzipien, wie der Satz vom Widerspruch, notwendige, unveränderliche und ewige Wahrheiten darstellen. Diese Eigenschaften der Erkenntnisprinzipien weisen auf etwas Objektives und Reales hin. Daraus wird gefolgert, dass es einen notwendigen Intellekt geben muss, der selbst unveränderlich und ewig ist, und der die Quelle dieser Wahrheiten ist. Und diesen Intellekt „nennen alle Gott".

Gegen diesen Beweis lassen sich natürlich gute Einwände vorbringen. So setzt der Beweis voraus, dass es notwendige Wahrheiten wie den Satz vom Widerspruch, aber auch Sätze der Geometrie und Mathematik, wie z.B., dass der Umfang eines Kreises zu seinem Durchmesser immer konstant ist, unabhängig von irgendeinem konkreten Kreis nur bestehen können, wenn es einen Verstand oder Intellekt gibt, in dem sie bestehen. Damit wird aber letztlich das vorausgesetzt, was bewiesen werden soll, ein absoluter Intellekt, in dem alle diese Wahrheiten enthalten sind. Die meisten Thomisten lehnen deshalb diesen Beweis für die Existenz Gottes ab und verweisen auf den fünften Gottesbeweis bei Thomas von Aquin, in dem dieser Beweis in gewisser Weise enthalten ist. Der Beweis geht vermutlich auf Augustinus zurück, zumindest wird er von ihm favorisiert (R.P. Phillips, 299) und wird auch von Leibniz anerkannt. Daraus wird bereits ersichtlich, dass dieser Beweis zur platonischen Tradition gehört.

2. Das Argument aus dem natürlichen Streben nach einem vollkommenen Gut

Ein Beweis für die Existenz Gottes, der sich auch bei einigen Thomisten einer gewissen Beliebtheit erfreut und als sechster Gottesbeweis den „fünf Wegen" Thomas von Aquins hinzugefügt wird (obwohl er sich nirgendwo bei Thomas findet), ist das Argument aus dem Streben nach dem Guten. Dieses Argument wird selbst von Reginald Garrigou-Lagrange verteidigt, einem der bedeutendsten Neothomisten im 20. Jahrhundert. Das Argument geht aus vom menschlichen Willen. Das Ziel des Willens ist das Gute, und zwar nicht nur ein individuelles Gutes, sondern das universale Gute. Der Wille gibt sich mit keinem endlichen Gut zufrieden und selbst nicht mit einer unendlichen Zahl endlicher Güter. Die Begründung für diese These, die sich bei Thomas findet, aber auch schon bei Aristoteles in der Nikomachischen Ethik angedeutet wird, kann hier nicht gegeben werden. Wir sind nie vollständig zufrieden mit irgendeinem Gut, sondern streben immer darüber hinaus nach einem noch höheren Gut. Daraus wird der Schluss gezogen, dass der Mensch ein natürliches Streben nach dem vollkommen Guten hat, bzw. nach der vollkommenen Glückseligkeit. Das Argument setzt nun als weitere Prämisse voraus, dass es nicht sein kann, dass dieses Streben des Menschen frustriert wird. Die Natur und das natürliche Streben können nicht das Ergebnis eines Zufalls sein und es würde dem Prinzip der Finalität widersprechen, wenn ein natürliches Streben wesentlich vergeblich wäre und nie erfüllt würde, denn dann wäre es nicht auf ein Ziel gerichtet, wie jede Finalität. Es wäre ein Streben auf ein unerreichbares Ziel und wäre damit ohne Fundament im Sein. Daraus wird nun der Schluss gezogen, dass dieses absolute und unendliche Gut existiert, das alle unsere Wünsche erfüllt, und ein solch unendliches Gut kann nur Gott sein (vgl. R.P. Phillips 1962, 299).

Dieses Argument hängt im Wesentlichen von der Prämisse ab, dass ein natürliches Streben nicht ins Leere gehen kann, wogegen verschiedene Argumente vorgebracht werden können, auch von thomistischer Seite. Ein wichtigerer Einwand allerdings, der auch von dem prominenten Neuscholastiker Gallus M. Manser ([3]1949) vorgetragen wird, besteht darin, dass dieser Beweis bereits die Existenz Gottes voraussetzt, weil Gott die Natur und unser natürliches Streben nach dem absoluten Gut in uns hineingelegt hat. Daher wird dieses Argument von Manser und anderen (Kälin 1940, 408) auf den fünften Gottesbeweis bei Thomas zurückgeführt.

3. Das Argument aus der Moral

Das Argument, das aus der moralischen Verpflichtung argumentiert, die jeder Mensch in sich spürt, hat verschiedene Formulierungen gefunden. Argumentiert wird, kurz gesagt, damit, dass der Glaube an Gott eine logische Voraussetzung für den verpflichtenden und objektiven Charakter moralischer Gebote darstellt.

Das oberste und selbstevidente moralische Gebot besteht darin, das Gute zu tun und das Böse zu meiden. Aus diesem obersten Grundsatz der Moral lassen sich nach Thomas letztlich alle weiteren moralischen Gebote ableiten. Das Gute soll getan werden und das Böse muss gemieden werden, und zwar unabhängig von irgendwelchen Überlegungen der Zweckmäßigkeit oder des persönlichen Nutzens. Daher bestimmen die moralischen Gebote alle unsere Handlungen und wir fühlen uns sicher, dass das moralische Gesetz uns in unserem moralischen Leben unwandelbar bindet. Dieses moralische Gesetz kann nicht anders als notwendig und ewig sein und muss, so die Schlussfolgerung, gegründet sein in einem ewigen und notwendig existierenden Gut. Dieses notwendige und ewige moralische Ideal kann aber nicht anders existieren als in einem Geist bzw. in der Vernunft. Doch kann es nur dann als wirklich objektiv angesehen werden, wenn es als eine Offenbarung eines moralischen Ideals ewig im Verstand Gottes existiert.

Das Argument ist eng verbunden mit dem Argument Immanuel Kants über die Notwendigkeit und die hinreichende Sanktion des moralischen Gesetzes. Nach Kant gibt es eine unbedingte moralische Verpflichtung durch das moralische Gesetz des kategorischen Imperativs, das befiehlt, stets so zu handeln, dass die Maxime meines Handelns zum allgemeinen Gesetz werden kann. Das Bewusstsein dieser Verpflichtung trägt in sich die Aufforderung, dass die Wirklichkeit in Übereinstimmung mit den Erfordernissen der Moral sein soll. Solch eine Übereinstimmung kann aber nur bewirkt werden durch ein Seiendes, das schließlich die Tugend mit der Glückseligkeit vereint. Wenn eine solche Harmonie nicht realisiert würde, wäre die Tugend am Ende frustriert und damit wäre das Gute nicht gut. Das einzige Seiende, das eine solche Harmonie bewirken kann, ist aber Gott, und deshalb muss es einen Gott geben.

Ganz offensichtlich sind in diesem Argument eine Reihe von Voraussetzungen und Implikationen enthalten, die hier nicht dargestellt werden können. Zudem wäre eine sehr weitgehende Erläuterung der Ethik, sei es nun der kantischen oder der Ethik des Naturrechts, erforderlich, damit die Argumentation nachvollziehbar wird und ihre Prämissen akzeptabel erscheinen. In der Gegenwartsphilosophie werden zahlreiche ethische Theorien, auch realistische Theorien, die von einer objektiven Existenz moralischer Gebote ausgehen, ohne jede Bezugnahme auf Gott begründet. Bei einer naturrechtlichen Grundlegung der Ethik, wie sie sich aus der aristotelisch-thomistischen Philosophie ergibt, ist allerdings eine letzte Begründung in Gott notwendig. Dies werde ich unter anderem im nächsten Band des *Grundkurses* ausführlich thematisieren. Allerdings glaube ich nicht, dass sich daraus ein Beweis für die Existenz Gottes ableiten lässt. In der thomistischen Philosophie ist man im Allgemeinen der gleichen Auffassung und glaubt, dass dieser „moralische Gottesbeweis" auf den vierten oder fünften Gottesbeweis bei Thomas reduzierbar ist.

4. Der ethnologische Gottesbeweis

Der sogenannte ethnologische Gottesbeweis geht von der Tatsache aus, dass sich in allen Kulturen und Völkern Religion und eine gewisse Gotteserkenntnis findet, und zwar an zentraler Stelle innerhalb der jeweiligen Kultur. Die Religion und Gotteserkenntnis ist insofern ein universales Phänomen der gesamten Menschheit. Daraus wird gefolgert, dass dieses Phänomen alle Eigenschaften eines Wahrheitskriteriums erfüllt. Die Überzeugung von der Existenz Gottes oder der Existenz von Göttern oder irgendeiner Art höherer Wesen muss insofern in der Natur des Menschen begründet sein. Selbst wenn es bestimmte Menschen gibt, die die Existenz Gottes oder höherer Wesen bestreiten, ist dadurch, so die Argumentation, die Beweiskraft des Arguments nicht entkräftet. Dadurch kommt dieser Gottesbeweis zu dem Schluss, dass die Existenz Gottes aus der Überzeugung des gesamten Menschengeschlechts folgt.

Bei dem Beweis handelt es sich um ein Autoritätsargument. Bereits Thomas von Aquin hat Autoritätsargumenten die geringste Überzeugungskraft zugeschrieben. Es gibt aber eine Reihe stärkerer Argumente gegen dieses Argument. Zunächst kann man darauf verweisen, dass die Vorstellungen von Gott und von Göttern sich sehr unterscheiden und dass es Religionen gibt, wie bestimmte Formen des Buddhismus, die keine Götter kennen. Dadurch ist ein Vergleich von verschiedenen Religionen extrem schwierig, wenn nicht gar unmöglich. Naturreligionen glauben an bestimmte Geister, eine Allbeseelung der Natur und Ähnliches, was mit dem Gottesbegriff der Offenbarungsreligionen nur wenig zu tun hat und die Existenz von Göttern nicht unbedingt einschließt. Und eine allgemein verbreitete Überzeugung als Wahrheitskriterium zu bezeichnen, scheint mir gewagt. Es gab eine Zeit, in der die Überzeugung allgemein verbreitet war, dass die Erde eine Scheibe sei, und es gab kaum jemanden, der dem widersprochen hätte. Trotzdem war diese Überzeugung falsch. Aus diesen und weiteren Gründen ist das ethnologische Argument wenig überzeugend.

5. Argument aus der Einfachheit und Zusammengesetztheit der Dinge

Dieses Argument geht auf den spätantiken Philosophen Plotin (204–270 n. Chr.) zurück. Das Argument wird heute eher selten verwendet, obwohl es einiges für sich hat und auch in einer gewissen Nähe zu den fünf Wegen Thomas von Aquins steht (zu dem Gottesbeweis Plotins vgl. das 1. Kapitel von Lloyd P. Gerson 1994; vgl. auch Edward Feser 2015, 130f.).

Man kann dieses Argument folgendermaßen rekonstruieren (ibid.): Nach Plotins Auffassung muss es ein erstes Prinzip für alles geben, wenn es eine Erklärung für die Ordnung im Universum geben soll. Ein solches erstes Prinzip ist auch erforderlich, um zu erklären, warum überhaupt etwas ist und nicht vielmehr nichts. Wenn nun dieses erste Prinzip für alles, was es gibt, aus Teilen zusammengesetzt wäre, dann wären diese Teile im Verhältnis zum ersten Prinzip früher. Doch in diesem Fall könnte es nicht das erste Prinzip sein. Daraus folgt, dass das erste Prinzip alles Seienden nicht aus Teilen zusammengesetzt, sondern absolut einfach ist. Wenn es nun eine Unterscheidung im ersten Prinzip zwischen dem, was es ist, und dem, dass es ist, gäbe, dann könnte es mehr als ein erstes Prinzip geben. Damit es mehr als ein erstes Prinzip gibt, müsste es ein oder mehrere Attribute geben, die diese ersten Prinzipien unterscheiden. Da nun aber, wie bereits erwiesen wurde, das erste Prinzip absolut einfach ist, kann es kein solches Attribut geben. Daraus aber folgt, dass es nicht mehr als ein erstes Prinzip geben kann. Dies bedeutet zugleich, dass es keine Unterscheidung im ersten Prinzip geben kann zwischen dem, was es ist, und dem, dass es ist. Dies bedeutet aber, dass das erste Prinzip alles Seienden nicht nur absolut einfach, sondern völlig einzig ist. Dies ist es, was Plotin „das Eine" nennt.

Im weiteren Verlauf des Arguments legt Plotin dar, dass diese „Eine" notwendig existiert, dass es unendlich, mächtig, allgegenwärtig, vollkommen gut, lebendig und so weiter ist. Alle diese Bestimmungen sind aber Bestimmungen Gottes, so dass Plotin „das Eine“ mit Gott identifizieren kann.

Als Atheist könnte man jetzt die erste Prämisse des ganzen Arguments in Zweifel ziehen, indem man darauf verwiese, dass die Zusammengesetztheit der Dinge schlicht eine Tatsache ist und einer weiteren Erklärung weder fähig noch bedürftig sei. Allerdings wurde dieser Einwand als unhaltbar erwiesen (Gerson 1994, 13). Zunächst ist klar, dass man durchaus nach einer Erklärung für die Zusammengesetztheit der Dinge fragen kann, denn genau dies ist es, was Plotin tut. Wenn etwas zusammengesetzt ist, liegt es geradezu nahe, zu fragen, warum es zusammengesetzt ist und was die Ursache dieser Zusammensetzung ist. Wenn man mit dem Einwand hingegen nur sagen will, dass man zwar grundsätzlich eine Erklärung für die Zusammensetzung der Dinge geben könnte, dass es aber faktisch keine solche Erklärung gibt, dann wäre Plotins Erwiderung, dass er genau eine solche Erklärung gegeben hat und dass die Angemessenheit dieser Erklärung nicht dadurch thematisiert werden kann, dass man behauptet, es gäbe keine solche Erklärung, sondern indem man zeigt, dass die Erklärung unzureichend ist.

Sie werden bemerkt haben, dass dieses Argument Plotins eine gewisse Ähnlichkeit mit dem zweiten Weg Thomas von Aquins hat, einem Argument, dass Thomas bereits, wenn auch in etwas anderer Form, in seiner Frühschrift *Über das Sein und das Wesen* (*De Ente et Essentia*) vorgestellt hat (Gaven Kerr 2015). Bei Thomas geht es nicht nur allgemein um die Zusammensetzung der Dinge aus Teilen, sondern um die Zusammensetzung aus den metaphysischen „Teilen“ Wesenheit und Existenz. Aber auch in Plotins Argument kommt diese Unterscheidung zur Sprache, wenn er die Zusammensetzung von dem, *was* etwas ist, und *dass* es ist thematisiert. Trotz der Beziehung zu einem thomistischen Gottesbeweis scheint mir das Argument Plotins voraussetzungsreicher zu sein und unmittelbar auch nur ein erstes Prinzip alles Seienden zu beweisen und nicht die Existenz Gottes.

6. „Das Größere kann nicht vom Geringeren kommen“

Einer der bekanntesten und einflussreichsten Neuthomisten im 20. Jahrhunderts, Reginald Garrigou-Lagrange (1877–1964) hat ein allgemeines Argument vorgeschlagen, auf dem nach seiner Auffassung alle fünf Wege Thomas von Aquins beruhen. Dieses Argument geht von dem Prinzip aus: „Das Größere kann nicht vom Geringeren kommen". Garrigou-Lagrange argumentiert folgendermaßen: Wir beobachten in der Welt Seiende, die zu verschiedenen Ordnungen gehören und die eine aufsteigende Skala der Vollkommenheit bilden. Als Erstes gibt es die Ordnung der unbelebten Materie, dann die der Pflanzen, dann die des tierischen Lebens und schließlich das intellektuelle und moralische Leben des Menschen. Keines dieser Seienden in den verschiedenen Ordnungen existiert aus sich selbst, sondern kommt in die Existenz und verschwindet wieder daraus. Wie aber kommen sie überhaupt in die Existenz?

Garrigou-Langrange fährt fort, indem er feststellt: Wenn jetzt Seiendes existiert, muss es etwas geben, das immer existiert hat, denn von nichts kommt nichts. Dieses Etwas kann aber nicht zu der Reihe von Seienden gehören, die in die Existenz eintreten, denn da diese Entitäten offensichtlich nicht ihre eigene Existenz erklären können, können sie auch nicht die Existenz aller anderen Entitäten erklären. Daher muss es ein erstes Seiendes geben, welches die Existenz in sich selbst besitzt und diese deshalb an alles andere Seiende mitteilen kann.

Es existieren jetzt lebende Entitäten, und Leben ist wesentlich der unbelebten Materie überlegen. Deshalb kann das Leben nicht aus einfacher Materie entstanden sein, außer wir erlauben, dass das Größere durch das Niedrigere hervorgebracht werden kann. Daher muss das Leben von einem ersten Seienden abgeleitet werden, das selbst lebend ist. Und weiter, weil Intelligenz sich beim Menschen findet und weil die Intelligenz bzw. der Verstand nicht nur der unbelebten Materie, sondern auch dem vegetativen und animalischen Leben wesentlich überlegen ist, folgt daraus, dass der Verstand nicht aus irgendetwas Seiendem hervorgegangen ist, das einen geringeren Grad des Seins hat, und das von Ewigkeit her als ein intelligentes Seiendes existiert hat. Dies ist eine Schlussfolgerung, die

die Beobachtung der Ordnung in der Welt ebenfalls erzwingt, denn wie kann es eine Ordnung geben, ohne eine ordnende Intelligenz?

Das Argument führt von da aus zur Existenz Gottes. Die Prinzipien, die sowohl unser Denken als auch die Wirklichkeit beherrschen, sind notwendig und den einzelnen kontingenten Intelligenzen und Wirklichkeiten überlegen, die diese Prinzipien beherrschen. Deshalb können diese Prinzipien nur gegründet werden in einer notwendigen und höchsten Intelligenz, die die Wahrheit unveränderlich und in erster Linie besitzt.

Das Argument wird von Garrigou-Lagrange zur Erklärung der anderen Argumente für die Existenz Gottes angewendet. Grundlegend ist dafür stets das Prinzip, dass etwas Höheres nicht durch etwas Niedrigeres hervorgebracht werden kann. Mit diesem Prinzip steht Garrigou-Lagrange allerdings im Widerspruch zur Evolutionstheorie und zu jeder materialistischen Philosophie, die bereits bei diesem Prinzip ihre Einwände vorbringen wird. Selbstverständlich ist eine materialistische Philosophie schon im Grundsatz wenig aufgeschlossen für Gottesbeweise, um es einmal vorsichtig zu formulieren. Allerdings ist es nicht erforderlich, sich im Widerspruch zur Evolutionstheorie zu positionieren, wenn man die Existenz Gottes beweisen will. Die fünf Wege Thomas von Aquins sind auch dann gültig, wenn die Evolutionstheorie in allem Recht hat. Daher halte ich die Zurückführung der fünf Wege Thomas von Aquins auf das oben genannte Prinzip für wenig überzeugend. Denn die Verteidigung und Rechtfertigung dieses Prinzips ist meines Erachtens schwieriger als die Verteidigung der Voraussetzungen der thomistischen Gottesbeweise, auch wenn ich das von Garrigou-Lagrange genannte Prinzip, wonach das Höhere nicht durch etwas Niedrigeres hervorgebracht werden kann, für richtig halte.

III. Wer oder was ist Gott?

Gegen alle fünf thomistischen Argumente für die Existenz Gottes, aber auch gegen andere Gottesbeweise wird ein und dasselbe Gegenargument vorgebracht. Dieses Gegenargument lautet, dass die Gottesbeweise keine *Gottes*beweise seien, sondern dass sie lediglich beweisen, dass es eine erste Ursache oder einen ersten Beweger gibt, oder dass sie eine Entität beweisen, deren Wesenheit die Existenz ist oder die notwendigerweise existiert. Dieses Argument wird selbst von Philosophen geteilt, die grundsätzlich die Argumente akzeptieren. Doch dieser Einwand ist falsch. Bestenfalls könnte man zugestehen, dass sich aus den Gottesbeweisen nicht *unmittelbar* die Existenz Gottes ergibt, obwohl eine Entität, die absolut notwendig existiert oder deren Wesenheit die Existenz ist, eigentlich nichts anderes sein kann als das, was man als Gott bezeichnet. Durch eine oder wenige zusätzliche Überlegungen lässt sich aber deutlich machen, dass diese erste Ursache oder eine Entität, die absolut notwendig ist, Gott ist.

Thomas von Aquin argumentiert auf etwa 200 Seiten allein in der *Summa theologiae*, dass die erste Ursache, die die Existenz der Welt und jede Veränderung in ihr bewirkt, niemand anders als Gott sein kann. Eine solche erste Ursache muss vollkommen einfach sein, d.h., sie kann nicht, wie auch immer, zusammengesetzt sein, sie muss absolut gut sein, unendlich und unveränderlich, sie kann nur eine einzige Entität sein, die zugleich allwissend ist, lebendig allmächtig und so weiter. Ähnliche Argumente finden sich auch in der *Summa contra gentiles* im ersten Buch und in verschiedenen anderen Schriften.

Dass es sich nicht um mehrere Götter handeln kann, sondern nur um einen Gott (wie bereits Aristoteles wusste), wird schon deutlich aus dem Argument, dass Gottes Wesen seine Existenz ist. Es kann nur ein Seiendes geben, dessen Wesen die Existenz ist und das deshalb allein reines Sein ist, *actus purus*, wie Thomas sagt, reiner Akt ohne jede Potenzialität. Im Folgenden werde ich nun zu zeigen versuchen, wie die verschiedenen Eigenschaften Gottes sich aus den

Gottesbeweisen ergeben. Die fünf Wege Thomas von Aquins wollen zunächst nichts anderes beweisen als die Existenz eines Seienden mit bestimmten zentralen Eigenschaften wie der Eigenschaft, ein unbewegter Beweger zu sein, das Sein selbst zu sein, ein reiner Akt zu sein und so weiter. In einem weiteren Schritt versucht Thomas dann zu zeigen, dass ein Seiendes, das diese Bestimmungen hat, notwendigerweise auch die anderen göttlichen Attribute haben muss, die üblicherweise Gott zugeschrieben werden.

Eigenschaften Gottes

Die Eigenschaften Gottes folgen also aus den Gottesbeweisen. Thomas geht dabei mit Bezug auf seinen großen philosophischen Vorläufer Pseudo-Dionysius (auch Pseudo-Dionysius Areopagita genannt, 6. Jahrhundert nach Christus. Er benutzte als Pseudonym den Namen Dionysius Areopagita, eine Person, der der Apostel Paulus auf dem Areopag in Athen begegnet ist) so vor, dass er drei Wege anführt, die zu einer Erkenntnis der Eigenschaften Gottes führen. Dies ist erstens der Weg der Kausalität (*via causalitatis*), wobei man von der Erkenntnis der Welt zu Gott als Ursache der Welt gelangt. Der zweite Weg, *via negativa*, ist der Weg der Negation, bei dem alles von Gott verneint wird, was mit seinem Wesen als erste Ursache und als reiner Akt unvereinbar ist, also z.B. die Körperlichkeit. Der dritte Weg, der *via eminentia* genannt wird, ist der Weg der Steigerung von bestimmten Attributen, die auch in unserer Welt vorkommen. Gott besitzt die Eigenschaften wie Güte oder Macht nicht nur in einer außerordentlichen und herausragenden Weise wie „Superman", sondern in einer unendlichen und absoluten Weise, so dass Gott diese Eigenschaften, die wir auch aus der Welt kennen, so besitzt, dass er mit diesen Eigenschaften identisch ist: Gott *ist* die Güte selbst; Gott *ist* die Allmacht.

1. Gott ist unveränderlich

Diese Eigenschaft Gottes folgt unmittelbar aus seinem Wesen als reiner Akt. Jede Veränderung ist ein Übergang von Potenzialität zu Aktualität. Veränderung, Werden oder Bewegung ist Aktualisierung einer Potenz. Ein Seiendes, das keinerlei Potenz besitzt, ein Seiendes, das reiner Akt ist, kann sich nicht verändern, sondern ist vollkommen. Alles, was einem solchen Seienden möglich ist, ist bereits verwirklicht, wobei diese Ausdrucksweise natürlich problematisch ist, weil sie Zeitlichkeit voraussetzt. Gott ist immer schon alles, was möglich ist, er ist die Fülle der Wirklichkeit. Dies ist gemeint, wenn von Gott gesagt wird, er sei reiner Akt. Und ein reiner Akt verändert sich nicht.

Es gibt noch ein weiteres Argument für die Unveränderlichkeit Gottes, und zwar auf der Grundlage, dass Gott der Schöpfer aller Dinge ist. Zu den Dingen, die Gott erschafft, gehören die Dinge, die einer Veränderung unterworfen sind. Nur etwas, das selbst unveränderlich ist, kann als etwas betrachtet werden, das eine veränderliche Welt erschafft. Deshalb muss Gott als unveränderlich betrachtet werden. Die zweite Prämisse erscheint nicht unmittelbar einleuchtend, doch sie wird verständlich, sobald man bedenkt, dass dann, wenn etwas Veränderliches eine veränderliche Welt hervorbringen würde, dieses selbst ein Teil der Welt wäre und nicht die Veränderlichkeit in der Welt erklären könnte.

2. Gott ist immateriell und unkörperlich

Auch diese Eigenschaft Gottes folgt unmittelbar aus seinem Wesen als reiner Akt. Alles Materielle ist veränderlich. Gott ist aber unveränderlich, wie zuvor bewiesen wurde. Also kann Gott nicht körperlich oder materiell sein. Auch aus der Bestimmung Gottes als erster Ursache folgt die Immaterialität Gottes. Gott ist der unbewegte Beweger, wie schon Aristoteles argumentiert hat. Materielles ist aber beweglich und veränderlich. Also kann Gott nicht materiell sein.

3. Gott ist einer und einzig

Wenn es mehrere Götter gäbe, dann müssten diese sich voneinander unterscheiden. Einer dieser Götter müsste eine Eigenschaft besitzen, die der andere nicht hat. Dann aber wäre dieser Gott nicht reiner Akt, reine Wirklichkeit. Dass Gott *actus purus* ist, wurde in den beiden ersten Gottesbeweisen bewiesen. Derselbe Nachweis der Einzigkeit Gottes lässt sich auch aus anderen Gottesbeweisen führen. Jede endliche Entität unterscheidet sich von anderen Entitäten durch etwas, das nur dieser individuellen Entität zukommt. Das, wodurch Angela Merkel dieser bestimmte Mensch ist, ist nur ihr selbst eigen und keiner anderen Entität. Wenn es mehr als einen Gott gäbe, dann müssten in Gott seine Wesenheit und der Einzelunterschied, durch den er *dieser* Gott ist, verschieden sein. Dies bedeutet aber, Gott wäre zusammengesetzt. Dass Gott vollkommen einfach ist und keine Teile enthält, auch keine metaphysischen Teile, folgt aus einigen der fünf Gottesbeweise. Für die Einfachheit Gottes wird zudem später noch einmal ausdrücklich argumentiert. Die Einzigkeit Gottes folgt außerdem daraus, dass Gott dasjenige Wesen ist, bei dem Wesenheit und Existenz identisch sind, dessen Wesenheit seine Existenz ist. Bei allen anderen Entitäten sind Wesenheit und Existenz verschieden und darauf beruht u.a. die Vielheit der Entitäten einer Art oder Gattung. Wenn eine Wesenheit wie die des Menschen als solche existierte, dann gäbe es nur eine einzige solche Wesenheit. Dass es mehrere Instanziierungen ein und derselben Wesenheit gibt, setzt einen Unterschied von Wesenheit und Existenz voraus, ebenso wie die Unterscheidung von Materie und Form. Gott *ist* seine Existenz und er hat keine Teile.

4. Gott ist absolut gut

Bei der Vorstellung des vierten Gottesbeweises ergab sich, dass alles, was existiert, einen bestimmten Grad der Vollkommenheit hat, und zwar entsprechend dem Grad, in dem ein Seiendes aktual ist. Gott ist reiner Akt und demnach absolut vollkommen. Da Sein und Gutsein austauschbar sind, da es sich nur um unterschiedliche Hinsichten auf das Sein handelt (vgl. das Kapitel über Eigenschaften des Seins im *Grundkurs Philosophie II: Metaphysik*), folgt, dass Gott als vollkommenes Sein auch absolut gut ist. Im Abschnitt über die Tätigkeiten Gottes wird dazu noch etwas mehr gesagt. Die Frage, warum es angesichts der Güte Gottes so viel Leid in der Welt gibt, wird im letzten Kapitel dieses Buches diskutiert.

5. Gott ist unendlich

Unendlichkeit bedeutet Grenzenlosigkeit in räumlicher und zeitlicher Hinsicht. Da Gott unkörperlich ist, wie bereits erwiesen wurde, kann es nicht sein, dass Gott räumlich begrenzt ist. Gott ist absolute Aktualität. Dies bedeutet, dass für Gott nichts „aussteht", dass es für ihn nicht etwas gibt, was auf ihn zukommt, dass alles, was sein könnte, bereits aktual ist, und deshalb kann es für Gott keine Zukunft geben, die noch nicht da ist. Ähnliches gilt auch für die Vergangenheit. Reine Aktualität kann nicht irgendwann einmal nicht gewesen ist. Deshalb erstreckt sich Gott nicht in Vergangenheit und Zukunft. Gott ist außerhalb von Raum und Zeit und daher nicht nur unendlich, sondern ewig. Man könnte sich eine Entität vorstellen, die irgendwann entstanden ist, aber unendlich, d.h. ohne ein zeitliches Ende existiert. Dies trifft z.B. für die menschliche Seele zu. Man könnte sich sogar eine Entität vorstellen, die unendlich in der Zeit existiert. Aristoteles war der Überzeugung, dass die Welt unendlich sei, dass sie keinen Anfang und kein Ende habe. Eine solche Entität ist gleichwohl in der Zeit, nur eben unendlich, ohne Anfang in Raum und Zeit. Für Gott trifft auch dies nicht zu. Ewigkeit bedeutet, dass Gott außerhalb von Raum und Zeit ist.

6. Gott ist ewig

Jede geschaffene Entität ist zusammengesetzt aus Akt und Potenz, sowie aus Wesenheit und Existenz. Gott ist reiner Akt und Gottes Wesenheit ist seine Existenz, Wesenheit und Existenz sind bei Gott identisch. Ein solches Wesen kann deshalb nur außerhalb von Raum und Zeit sein, d.h., Gott ist ewig. Ewigkeit bedeutet geradezu den vollkommenen Besitz des Seins, den verschiedene Philosophen und Theologen als „reine Gegenwart" oder als „*nunc stans*", also als „stehendes Jetzt" oder als „reinen Augenblick" bezeichnet haben. Wir können uns die Ewigkeit nicht wirklich vorstellen, sondern nur einen Begriff davon bilden, weil der Unterschied zu unserer zeitlichen Existenz nicht nur graduell, sondern wesentlich ist.

7. Gott ist einfach

Einfachheit bedeutet die Nicht-Zusammengesetztheit aus Teilen, auch nicht aus metaphysischen Teilen. Gott ist reiner Akt ohne jede Potenz und ist deshalb nicht aus Akt und Potenz zusammengesetzt. Gott ist aber auch nicht aus Wesenheit und Existenz zusammengesetzt, denn Gottes Wesenheit ist seine Existenz, d.h., Wesenheit und Existenz sind bei Gott identisch. Dies bedeutet aber, dass Gott in keiner Weise zusammengesetzt ist oder irgendwelche Teile hat. Auch gibt es in Gott keine Unterscheidung zwischen Gattung und Art, Gott ist kein Teil einer Art, die unter eine Gattung fällt, denn dazu müsste er einen Akt der Existenz haben, der sich von seiner Wesenheit unterscheidet, die er mit anderen Entitäten der gleichen Art oder Gattung teilt. In Gott gibt es aber keinen Unterschied zwischen Wesenheit und Existenz. Dass Gott keine körperlichen oder materiellen Teile hat – keine Organe –, wurde bereits zuvor bewiesen.

Trotz dieser Argumente ist die Einfachheit Gottes eine der umstrittensten Behauptungen der Lehre Thomas von Aquins über die Eigenschaften Gottes. Aus den zuvor genannten Argumenten für die Einfachheit Gottes, die sich alle aus den Gottesbeweisen ergeben, folgt nämlich, dass die Unterscheidung der Attribute in Gott, wie Unveränderlichkeit, Immaterialität, Ewigkeit, Allmacht, Allwissenheit, Güte und andere, die ich später noch nennen werde, nur eine Unterscheidung ist, die *wir* machen, die aber in Gott selbst nicht besteht. Dies folgt aus der Einfachheit Gottes, die somit bedeutet, dass Gottes Ewigkeit und Gottes Allmacht und Gottes Allwissenheit sowie alle weiteren Attribute in Gott identisch mit ihm selbst sind. Gott *ist* seine Allmacht, Gott *ist* seine Weisheit, Gott *ist* die Güte. All diese Bestimmungen Gottes sind nur unterschiedliche Weisen, über Gott zu sprechen oder Gott zu erkennen, d.h. Arten und Weisen, über ein und dasselbe zu sprechen. Obwohl wir im Denken zwischen diesen Attributen unterscheiden, handelt es sich nicht um eine Unterscheidung in der Wirklichkeit, sondern eben nur um eine gedankliche oder logische Unterscheidung. Denn gäbe es eine solche Unterscheidung in Gott selbst, dann könnten wir Teile in Gott unterscheiden.

Obwohl diese Auffassung von der Einfachheit Gottes in der heutigen Religionsphilosophie umstritten ist, war sie über Jahrhunderte die bestimmende Auffassung über Gottes Wesen, die nicht nur von Thomas von Aquin, sondern schon weit vor ihm, z.B. bei Athanasius (+ 373 n. Chr.), Augustinus (+ 430 n. Chr.), Avicenna (+ 1037) und Averroes (+ 1126), beides islamische Theologen, von Anselm von Canterbury (+ 1109) und Maimonides (+ 1204), einem jüdischen Theologen, um nur einige zu nennen, vertreten wurde. Ein bestimmter Einwand dagegen lautet, dass die Identität der Attribute Gottes mit Gott selbst bedeuten würde, dass Güte, Weisheit und Macht dasselbe wären wie Unveränderlichkeit und Immaterialität und dass all diese Bestimmungen unter sich dasselbe sein müssten. Dies ist offensichtlich falsch, denn Macht ist sicher etwas anderes als Weisheit, und Güte ist etwas anderes als Macht. Doch dies folgt auch nicht aus der Behauptung von Gottes Einfachheit und der Identität der Attribute mit Gott. Dies wird z.B. schon dadurch deutlich, dass man Freges Unterscheidung von Sinn und Bedeutung auf dieses Problem anwenden kann. Frege verwendet als Beispiel die beiden Ausdrücke „Morgenstern“ und „Abendstern“, die beide den gleichen Planeten, die Venus, bezeichnen. Beide Ausdrücke unterscheiden sich in dem, was Frege als „Sinn“ bezeichnet. Der Ausdruck „Morgenstern“ meint nämlich den „Stern“, der am Morgen am deutlichsten sichtbar ist, und „Abendstern“ bedeutet den „Stern“, der am Abend am hellsten leuchtet. Doch das, was Frege als „Bedeutung“ bezeichnet, ist in beiden Fällen das gleiche Ding, nämlich der Planet Venus. Ebenso kann man behaupten, dass das, was wir als Allmacht und Güte bezeichnen, im Sinn verschieden ist, sich aber auf das gleiche „Ding“ bezieht, nämlich auf Gott.

Für Thomas von Aquin steht aber noch eine andere Überlegung im Hintergrund, nämlich seine Auffassung von der Analogie des Seins (vgl. Hüntelmann 2013, 11ff.). Demnach können wir Ausdrücke bzw. Begriffe, die wir auf Dinge in unserer Welt anwenden, nicht in gleicher Weise, d.h. univok, auf Gott anwenden. Es wäre in der Tat absurd zu behaupten, dass die Attribute Gottes, univok genommen, mit Gott identisch seien. Werden diese Begriffe aber analog genommen, dann ist damit gemeint, dass es in Gott etwas analog zu dem gibt, was wir als Macht bezeichnen, etwas, das wir als Güte bezeichnen, dass es in Gott etwas gibt, das wir als Weisheit bezeichnen, und dass dies alles letztlich dasselbe „Ding“ ist, nämlich Gott (vgl. E. Feser 2009, 128ff.).

Wir müssen bei all dem stets im Blick behalten, dass es uns als Geschöpfen nicht möglich ist, das Wesen Gottes auch nur im Entferntesten zu erkennen. Thomas von Aquin betont, dass es uns nicht einmal möglich ist, das volle Wesen einer Biene zu verstehen. Wie sollte es dann möglich sein das Wesen desjenigen zu erfassen, der uns erschaffen hat und in der Existenz bewahrt? In einem strengen Sinne bedeutet die Wesenserkenntnis, dass man in der Lage ist, ein Ding hinsichtlich Gattung und spezifischer Differenz zu bestimmen. Während diese Art der Wesenserkenntnis bei vielen geschaffenen Entitäten durchaus möglich ist, versagt sie bei Gott, weil in Gott kein Unterschied zwischen Gattung und Art existiert, weil es in Gott keine Teile gibt, auch keine metaphysischen Teile. In diesem Sinne trifft es zu, wenn Thomas sagt, dass wir nicht wissen können, was Gott ist, sondern nur, was er nicht ist. Dennoch gibt es eine Erkenntnis Gottes und wir haben dazu einiges kennengelernt, was sich sowohl aus den Gottesbeweisen unmittelbar ergibt, als auch was sich im Sinne der Verneinung und der Steigerung von Gott sagen lässt.

Tätigkeiten Gottes

Auch bezüglich der Tätigkeiten Gottes gilt, dass Gott absolut einfach ist. Dies bedeutet aber, dass es in Gott auch keine Unterscheidung zwischen Sein und Tätigsein und damit keinen Unterschied zwischen Eigenschaften und Tätigkeiten gibt. Bei jeder Entität, sei es ein Stein, eine Kastanie, ein Eichhörnchen oder ein Mensch, unterscheiden wir zwischen dem, was sie ist, und dem, was sie tut. Natürlich hängt beides zusammen, denn die Tätigkeit folgt aus dem Sein, wie Thomas immer wieder sagt. Eine Entität ist tätig entsprechend ihrem Sein. Deshalb fliegen Elefanten nicht und Vögel lösen keine mathematischen Aufgaben. Bei Gott sind Tätigkeit und Sein identisch, denn bei ihm sind Sein und Wesenheit identisch.

Wir gehen davon aus, dass Gott ein rationales Wesen sein muss. So wie wir, seine Geschöpfe, verfügt er über einen Verstand und einen Willen. Entsprechend können wir bei den Tätigkeiten Gottes zwischen Erkennen und Wollen Gottes unterscheiden, wobei wir uns stets bewusst bleiben, dass dieser Unterschied nur ein gedanklicher bzw. logischer Unterschied ist und kein realer.

8. Gott ist allwissend

Beginnen wir mit der Erkenntnis Gottes. Die klassische theistische Philosophie ist sich darüber einig, dass Gott allwissend ist. Doch was ist mit Allwissenheit gemeint? Was umfasst das Wissen Gottes? Weiß Gott alles, was in der Vergangenheit seit der Erschaffung der Welt geschehen ist? Weiß er jedes einzelne Detail dieser Vergangenheit? Kennt Gott alles, was gegenwärtig geschieht? Weiß er, dass Sie in diesem Augenblick diesen Text lesen und darüber nachdenken? Und wie steht es um die Zukunft? Kennt Gott die Zukunft? Weiß Gott, was Sie morgen tun werden, was Sie essen werden, was Sie reden werden? Weiß Gott, wann Sie sterben werden und woran Sie sterben werden? Die Zukunft gibt es noch nicht. Wie kann es ein Wissen von etwas geben, was nicht der Fall ist? Besonders was das göttliche Vorherwissen angeht, werden viele Zweifel geäußert, nicht nur von Agnostikern und Atheisten, sondern auch von verschiedenen theistischen Philosophen. Diese befürchten, dass, wenn man Gott ein Wissen um die Zukunft zuschreibt – zumindest ein Wissen um die Zukunft frei handelnder Personen –, dies bedeuten würde, dass die Zukunft feststeht und der Mensch nicht frei ist. Doch ist dies tatsächlich die Konsequenz, wenn man annimmt, dass Gott die Zukunft vollständig erkennt? Und selbst wenn man dies bejaht, stellt sich noch immer die Frage, ob Gott auch weiß, was hätte *sein können*. Nicht nur das, was zukünftig sein könnte, sondern auch, was jetzt sein könnte, aber nicht der Fall ist. Wenn man Gott tatsächlich Allwissenheit zuschreibt, dann gehört dazu auch ein Wissen um alles, was möglich ist bzw. was möglich gewesen wäre und was künftig möglich ist (vgl. Brian Davies [3]2004, 192ff.).

Auch zur Beantwortung dieser Fragen müssen wir im Blick behalten, was ich über die Analogie gesagt habe. Natürlich erkennt Gott nicht in der Weise, wie wir erkennen. Gott erkennt nicht sinnlich. Durch unsere Sinneserkenntnis können wir uns nur der Erkenntnis der Wesenheiten annähern. Gott erkennt die Wesenheiten der Dinge in einer völlig anderen Weise, denn diese Wesenheiten existieren als Ideen in Gott, und zwar so, dass sie nicht von Gott verschieden sind, denn dies würde gegen die Einfachheit Gottes sprechen. Gott *ist* diese Ideen, er ist mit den Ideen identisch. Natürlich ist dies schwer vorstellbar, ja, es ist überhaupt nicht vorstellbar, aber Gott selbst entzieht sich jeder Vorstellung. Dennoch gilt auch hier, dass wir uns von Gott und von Gottes Wissen einen Begriff bilden können.

Eine Annäherung an ein „Verständnis" der Erkenntnis Gottes ergibt sich aus dem analogen Vergleich mit unserer menschlichen Erkenntnis (vgl. Hüntelmann 2014). In der rationalen Erkenntnis erfasst unser Verstand die abstrahierte Wesenheit der Dinge, und das ist die von der Materie abstrahierte *Form* der Dinge. Diese Formen sind selbst immateriell. Im Verstand existiert dann exakt die gleiche Form, wie sie im Ding materiell instanziiert ist. Die Form oder die Idee des erkannten Dinges befindet sich dann im Erkennenden. Ein Ding zu verstehen, zu erkennen, bedeutet dementsprechend, dass die Wesenheit oder die Form des Dinges in gewisser Weise im Verstand des Erkennenden auf immaterielle Weise existiert. Dies ist nur möglich, weil der Verstand selbst immateriell ist. Je weiter ein Verstand von der Materialität entfernt ist, desto mächtiger ist sein Erkenntnisvermögen. Bei uns ist dieses Erkenntnisvermögen sehr begrenzt, weil wir durch die Sinne erkennen und der Verstand von der sinnlichen Wahrnehmung abstrahieren muss. Ein Verstand wie der göttliche hat diese Einschränkung nicht. Gott besitzt sozusagen den höchsten Grad an Immaterialität, weil er reiner Akt ist und vollkommen einfach. Natürlich setzen diese Aussagen zahlreiche Argumente aus der Philosophie des Geistes und aus der Erkenntnistheorie voraus, die ich hier nicht wiederholen kann.

Gottes Erkennen muss tatsächlich alles das umfassen, was ich weiter oben als Fragen formuliert habe. Für Gott sind die Dinge nicht „äußerlich" und er kennt sie auch nicht äußerlich, denn er hat sie erschaffen. Um etwas aus dem Nichts zu erschaffen, muss Gott die Dinge aus ihrem tiefsten Grund, aus ihrer ersten Ursache kennen, und diese erste Ursache ist er selbst. Deshalb ist die Erschaffung der Dinge und die Erkenntnis derselben bei Gott ein und derselbe Akt. Somit kennt Gott die gesamte Geschichte des Universums, denn er ist der Schöpfer dieses Universum, und wie sollte er das Universum aus dem Nichts geschaffen haben, ohne dass er es vollständig erkennt?

Aber auch die Zukunft wird von Gott erschaffen. Wenn ich sage „wird erschaffen", dann bedeutet dies aber nicht, dass sich Gott derzeit gerade überlegt, was er morgen, in einer Woche oder in zehn Jahren erschaffen soll. Dies würde bedeuten, dass Gott zeitlich wäre, dass er selbst in der Zeit wäre und nicht ewig, d.h. vollkommen außerhalb von Raum und Zeit. Für Gott gibt es keine Zeit. Er erfasst die gesamte Weltgeschichte, die vollständige Geschichte des Universums vom Urknall bis zum Verglühen des letzten Atoms am Ende des Universums (sofern es ein solches Ende gibt) in einem einzigen „Augenblick". Man könnte sagen, für Gott existiert unsere Zukunft bereits und insofern steht die Zukunft tatsächlich schon fest.

Dementsprechend kennt Gott natürlich auch alles Mögliche, alles, was hätte möglich sein können, was aber nie realisiert wurde, und zwar sowohl in der Vergangenheit als auch in der Zukunft. Gott hätte ein anderes Universum erschaffen können und auch ein besseres Universum als das Universum, das wir kennen und in dem wir leben. Thomas von Aquin hätte Leibniz widersprochen, der behauptet, diese Welt sei „die beste aller möglichen Welten". Für Gott gibt es keine beste mögliche Welt, er könnte jederzeit eine noch bessere erschaffen. Warum er gerade diese Welt und keine bessere erschaffen hat, ist eine Frage, die wir wohl nie beantworten können. Wir kommen darauf später noch einmal zurück im Zusammenhang mit der Frage nach dem Leid in der Welt angesichts der Güte Gottes.

Wenn Gott die gesamte Zukunft kennt, wenn demnach diese Zukunft bereits existiert, dann stellt sich die Frage, ob dies mit der menschlichen Freiheit vereinbar ist. Bedeutet das nicht, dass wir, wenn die Zukunft schon feststeht, doch nichts mehr tun können, um diese Zukunft zu verändern, sie zu verbessern? Ist das nicht eine fatalistische Auffassung von der Welt? Auch für religiöse Menschen stellen sich diese Fragen. Was soll unser Bitten und Beten zu Gott, wenn doch schon alles feststeht? Wie soll unser Gebet etwas am Weltverlauf ändern, wenn dieser Weltverlauf schon feststeht? Daher haben bestimmte Religionsphilosophen für eine Zeitlichkeit Gottes argumentiert und die Allwissenheit Gottes anders interpretiert, als dies die klassische Philosophie getan hat. Allwissenheit soll besagen, dass Gott all das weiß, was man wissen kann. Dazu gehört die vollkommene Erkenntnis der Vergangenheit und auch der Gegenwart, aber Gott kennt die Zukunft nur insofern, als diese aus den Naturgesetzen folgt. Er weiß aber nicht, was ich im nächsten Augenblick tun werde, er kennt nicht meine freie Entscheidung im Voraus (vgl. Moreland/Craig 2003, 511ff., 517ff.). Der Hintergrund dieser Theorien, die in der gegenwärtigen analytischen Religionsphilosophie weit verbreitet sind, ist ein univoker Seinsbegriff. Dies führt dazu, dass auch die Unterschiede zwischen Gott und Mensch in univoker, also gleichbedeutender Weise herausgestellt werden. Gott wird mit dem Menschen verglichen, so wie man zwei Menschen miteinander vergleicht. Das Ergebnis kann nur ein menschenähnliches Wesen sein, das aber gewaltige Kräfte und Fähigkeiten besitzt, die sich aber prinzipiell nicht von menschlichen Kräften und Vermögen unterscheiden. Der Thomist Brian Davies ([3]2004) hat diese anthropozentrisch geprägte natürliche Theologie als „Personalismus" bezeichnet.

Müssen wir deshalb zugestehen, dass es keine Freiheit gibt? Es gibt einen Philosophen und Theologen aus dem 16. Jahrhundert, der eine andere Lösung für dieses Problem glaubte gefunden zu haben und der auch heute in der Gegenwartsphilosophie wieder viel Zustimmung erhält. Ich meine den Jesuiten *Louis de Molina* (1536–1600). Er argumentierte, dass Gott eine Art „mittleres Wissen" (*scientia media*) besitzt. Demnach weiß Gott, was gegenwärtig der Fall ist, und natürlich kennt er auch die gesamte Vergangenheit, aber er weiß auch in einem absoluten Sinne, was künftig der Fall sein wird. Allerdings wusste Gott, bevor er die Welt und die Menschen erschuf, wie sich die Menschen in den verschiedenen Situationen ihres Lebens künftig, wenn er sie erschaffen hat, entscheiden würden, und hat diese Entscheidungen beim Plan zur Erschaffung der Welt berücksichtigt. Dies ist kein direktes Wissen über das, was tatsächlich der Fall ist. Aber es ist ein Wissen mit einem Einfluss auf das, was tatsächlich der Fall sein wird, wenn die noch nicht erschaffenen Menschen wirklich erschaffen werden. Gott weiß also, wie freie Personen tatsächlich handeln werden, wenn sie erschaffen werden. Er erschafft die Menschen dann und sieht, dass sie tatsächlich so handeln, wie er es in seiner *scientia media* gesehen hat. Deshalb ist aber das, was die Menschen tun, nicht von Gottes Wissen bestimmt, sondern ergibt sich aus dem freien Willen der Menschen, denn wenn sie erschaffen wurden, leben sie nur das aus, was sie frei entschieden haben zu tun, und was Gott in seiner *scientia media* erkannt hat. Dieses Wissen umfasst, wie ich frei handeln werde, wenn ich erschaffen sein werde. Dieses Wissen beeinflusst aber nicht meine freien Entscheidungen, auch wenn Gott durch meine Erschaffung mich erst in die Lage versetzt, mich in dieser Weise frei zu entscheiden und zu handeln.

Diese Lösung des Problems der göttlichen Allwissenheit und der menschlichen Freiheit scheint sehr überzeugend. Sie beeinträchtigt scheinbar nicht die göttliche Allwissenheit und sein Vorherwissen und gleichzeitig sieht es so aus, als ob der Mensch tatsächlich frei handelt. Der Lösung der Molinisten beinhaltet die Annahme, dass zu den Gegenständen des göttlichen Wissens Menschen gehören, die anders handeln, als sie es tatsächlich tun, nichtreale Menschen, die es irgendwie gibt, die durch Gott in die Wirklichkeit versetzt werden mit all ihren unwirklichen Entscheidungen, die dadurch nicht verändert werden, dass diese Menschen jetzt wirklich existieren. Allerdings stellt sich da doch die Frage, was das bedeuten soll.

Brian Davies ([3]2004, 201) stellt hier meines Erachtens berechtigterweise die Frage, ob es tatsächlich eine solche Sache gibt, wie z.B. was jemand getan hätte, wenn er nicht als Kind gestorben wäre. Nach Molina müsste man diese Frage klar mit Ja beantworten. Doch ist das durchaus fragwürdig. Sind Menschen, die über viele Jahre gelebt haben, obwohl sie als Kinder gestorben sind, wirklich Gegenstand eines Wissens? Unter verschiedenen Umständen können sich Menschen unterschiedlich entscheiden. Ihr Leben kann unterschiedliche Wege gehen, die davon abhängen, in welchen Zusammenhängen sie sich wiederfinden. Doch macht es einen Sinn anzunehmen, dass unter den wissbaren Dingen – ob nun von Seiten Gottes oder irgendeiner anderen Person – sich Entscheidungen und Werdegänge von nichtrealen Personen befinden, die in der Lage sind, in die Wirklichkeit versetzt zu werden, und die von ihrem *alter ego* nur dadurch verschieden sind, dass sie nicht existieren? Gegenstand des Wissens ist das Sein. Das Nichts kann kein Gegenstand des Wissens sein. Wo es keinen bestimmten Gegenstand des Wissens gibt, da kann es auch kein Wissen geben. Molina setzt allerdings voraus, dass Gott auch etwas weiß, was nicht ist. Eine zukünftige freie Entscheidung, betrachtet als zukünftige, ist bis jetzt vollkommen unbestimmt. Der Tätige ist völlig frei, das eine oder das andere zu wählen. Und bevor er diese Wahl nicht vollzogen hat, gibt es nichts zu wissen.

Ein weiterer Einwand gegen Molina behauptet, dass seine Lösung des Problems die Tätigkeit Gottes abhängig mache von der Tätigkeit der Geschöpfe. Gott wäre gewissermaßen in seinem Erkenntnisgegenstand und damit auch in seinem Willen bei der Mitwirkung von den freien Geschöpfen abhängig. Er erschafft die Welt entsprechend den freien Entscheidungen der Menschen und richtet sich insofern nach diesen freien menschlichen Entscheidungen. Dies würde aber ganz offensichtlich die Allmacht Gottes und sogar die Freiheit Gottes beeinträchtigen.

In der thomistischen Tradition wurde deshalb eine andere Lösung für das Problem der menschlichen Freiheit angesichts der göttlichen Allwissenheit vorgeschlagen. Die Tätigkeiten des Menschen brauchen nach Auffassung der thomistischen Philosophie sowohl eine begleitende als auch eine vorausgehende Mitwirkung Gottes (*praemotio physica*). Es ist umstritten, ob Thomas von Aquin selbst diese Theorie entwickelt hat, bzw. ob diese Theorie in seinen Schriften selbst enthalten ist oder nicht. Doch dies spielt in unserem Zusammenhang keine besondere Rolle. Dass Gott alle Tätigkeiten des Menschen und deren Wirkungen begleiten muss, ergibt sich aus folgender Überlegung. Bei jeder Tätigkeit wird etwas Neues in irgendeiner Weise hervorgebracht. In den beiden ersten Gottesbeweisen war gezeigt worden, dass Gott stets die Erstursache für das Sein und die Veränderungen ist. Insofern hängt auch dieses „Neue", das durch die menschliche Tätigkeit hervorgebracht wird, von der ersten Ursache ab, die Gott ist. Wenn ich ein Kastanienmännchen bastele, bin ich natürlich die Ursache dieses Kastanienmännchens. Jede Hervorbringung von etwas Neuem, von etwas Seienden ist die Aktualisierung einer Potenz. Diese Aktualisierung einer Potenz ist entweder akzidentell oder *per se*. Die akzidentelle Aktualisierung einer Potenz, wie sie bei der Herstellung eines Kastanienmännchens vorliegt, setzt eine Kausalität *per se* voraus, nämlich die Aktualisierung meiner selbst als desjenigen, der das Kastanienmännchen bastelt. Insofern ist bei jeder menschlichen Tätigkeit die begleitende Mitwirkung Gottes erforderlich. Dies ergibt sich unmittelbar aus den beiden ersten Gottesbeweisen, denn sowohl das Sein als auch die Tätigkeit (die ja aus dem Sein folgt) ist unmittelbar von Gott abhängig.

Darüber hinaus aber ist eine „vorausgehende Mitwirkung" (*praemotio physica*) Gottes bei der Ausübung der Tätigkeiten des Menschen erforderlich. Der erste Punkt, die begleitende Mitwirkung Gottes, wird auch von Molina vertreten, doch bei diesem Punkt unterscheiden sich die Thomisten von den Molinisten. Die Mitwirkung Gottes bei der menschlichen Tätigkeit (und bei jeder Tätigkeit, auch bei allen anderen Entitäten) geht der menschlichen Tätigkeit vorher, wobei dieses „Vorher" nicht in einem zeitlichen Sinne gemeint ist. Wenn Gott nun schon „vor" dem Menschen tätig ist als die Erstursache der menschlichen Tätigkeit, wie kann dann diese menschliche Tätigkeit frei sein? Wenn der Mensch durch seine Tätigkeit etwas verursacht, dann wird etwas von der Potenz in die Aktualität überführt; etwas Mögliches wird durch menschliche Tätigkeit verwirklicht. Keine Potenz kann sich selbst aktualisieren, sondern die Aktualisierung einer Potenz setzt eine aktuale Ursache voraus. Doch die Reihe der bewirkenden Ursachen kann nicht unendlich sein, wie zuvor bei dem ersten und zweiten Gottesbeweis bewiesen wurde. Am Anfang muss eine reine Aktualität stehen. Insofern muss es eine Erstursache geben, die reine Aktualität ist und die als Erstursache jeder menschlichen, oder allgemeiner, jeder geschöpflichen Tätigkeit vorhergeht und den Anstoß zur Tätigkeit gibt. Aus dieser Analyse der menschlichen Tätigkeit ergibt sich das Problem der Freiheit der menschlichen Tätigkeit. Wenn Gott in jeder Beziehung die Ursache für meine Handlungen ist, wie können diese dann noch frei sein? Die Antwort Molinas und seiner Anhänger haben wir in groben Zügen kennengelernt. Die Thomisten argumentieren folgendermaßen: Gott ist die erste Ursache aller Ursachen in der Welt, sowohl der kausalen Beziehungen in der Natur als auch der Kausalität, die vom Menschen in freien Handlungen gesetzt wird. Dies folgt aus den Gottesbeweisen. Auf die natürlichen Dinge wirkt Gott so ein, dass diese entsprechend ihrer Natur tätig sind und so Ursache für andere Dinge und Ereignisse werden. Das Gleiche gilt aber auch hinsichtlich des Menschen als freien Wesens. Gott wirkt auf freie Menschen in der Weise ein, dass er sie zu freien Ursachen macht, die als solche tätig sind. Gott wirkt als Erstursache auf jede Entität in der Weise ein, dass sie entsprechend ihrer Natur tätig sein kann. Tätigkeiten, die aus den natürlichen Dingen mit Notwendigkeit hervorgehen, sobald die entsprechenden Potenzen durch Zweitursachen aktualisiert werden, benötigen die göttliche Erstursache ebenso, wie freie Handlungen von Menschen. Gott bewirkt, dass die Geschöpfe Ursachen für andere Dinge sind. Trotzdem bleiben die Geschöpfe vollständig von der göttlichen Erstursache abhängig. Und dies gilt sowohl für die Geschöpfe, die nur nach ihrer Natur tätig sind, als auch für den Menschen, der aus Freiheit tätig ist. Die Abhängigkeit der menschlichen Tätigkeit und seine Fähigkeit, als Zeitursache aus Freiheit zu wirken, werden nicht durch die Erstursache aufgehoben, sondern erst ermöglicht. Wenn der Mensch aus sich selbst heraus, ohne göttliche Erstursache, tätig sein könnte, dann würde dies einen Widerspruch zu dem ontologischen Gesetz bedeuten, dass keine

Potenz sich selbst aktualisieren kann. Oder man müsste den Menschen selbst als reinen Akt verstehen, was zweifellos ebenso widersinnig wäre, weil der Mensch dadurch zu Gott gemacht würde.

Wenn der Mensch freie Ursache seiner Handlungen ist, dann bedeutet dies, dass er von Gott dieses Vermögen verliehen bekommt. In Bezug auf Gott betrachtet, ist die menschliche Ursächlichkeit eine instrumentelle Ursache. Um das Beispiel von Thomas aufzugreifen: Der Mensch ist der Stock, mit dem der Stein bewegt wird. Das hört sich allerdings bei diesem Beispiel nicht danach an, als ob der Mensch frei tätig ist, denn der Stock wird von Gott bewegt und der Mensch ist nur das Mittel, mit dem Gott den Stock bewegt. Allerdings nötigt Gott in einer freien Handlung den Menschen weder äußerlich noch innerlich zu der Handlung. Er gibt dem Menschen vielmehr die Kraft, dass dieser sich innerlich frei zu der Handlung entschließt. Und hier kommt nun der Unterschied zu Molina ins Spiel: Diese Mitwirkung Gottes bei der freien Entscheidung des Menschen ist nicht nur eine begleitende Mitwirkung, sondern eine vorhergehende (in einem ontologischen und nicht zeitlichen Sinne). Zudem ist diese Mitwirkung nicht bloß unbestimmt, so wie der elektrische Strom, der einen Motor antreiben oder auch eine Glühbirne erleuchten kann, sondern die Mitwirkung Gottes als Erstursache ist bestimmt und innerlich, denn die bestimmten Handlungen erfordern einen bestimmten innerlich bewegenden Einfluss. Auch ist die vorausgehende Mitwirkung Gottes nicht bloß moralisch oder zweckursächlich, sondern wirkursächlich; der Antrieb zu einer Wirkursache bedarf selbst einer Wirkursache (vgl. Kälin [5]1957, Nr. 487).

Natürlich ist dies keine genaue Antwort auf die Frage nach der Möglichkeit bzw. Wirklichkeit der menschlichen Freiheit angesichts der göttlichen Allwissenheit. Erst recht ist es keine Antwort auf die Frage, *wie* Gott im Voraus weiß, wie wir uns entscheiden werden. Aber um diese Frage nach dem Wie beantworten zu können, müssten wir selbst Gott sein. Hier ist unsere Erkenntnis begrenzt. Wenn Gott allwissend und allmächtig ist, dann kann es nicht sein, dass der Mensch aus sich heraus und ohne göttliche Mitwirkung eine Handlung setzen kann. Der Übergang von Potenzialität zu Akt muss in letzter Instanz in Bezug stehen zur Tätigkeit der ersten Ursache. Diese Schlussfolgerung gilt sowohl für materielle Dinge wie auch für den Menschen. Gottes Vorherbestimmung bezieht sich sowohl auf den Akt wie auch auf die Art und Weise seiner Hervorbringung. Nur durch den göttlichen Entschluss kann man von einer freien Person sagen, dass sie in bestimmten Situationen so und so handeln wird. Ohne die Bestimmung, was für eine Handlung es sein soll, würde es überhaupt keine Handlung geben. Die Tätigkeit wäre keine bestimmte zukünftige Tätigkeit, sondern nur eine „mögliche" Tätigkeit (G. H. Joyce [3]1957, 363).

Wie ist es aber dann mit menschlichen Handlungen, die etwas Böses tun? Ist Gott dann auch für das Böse des Menschen verantwortlich? Und wenn nicht verantwortlich, ist er durch seine Vorherbewegung (*praemotio physica*) nicht zumindest mitverantwortlich für böse Handlungen? Gott ist die Erstursache unserer Handlungen, was aber nicht heißt, dass er der eigentlich Handelnde ist. Die Erstursache ist Ursache für das, was ist, für das Sein. Sofern eine Handlung auf etwas Gutes gerichtet ist, ist sie auf ein Sein gerichtet, denn Sein und Gutsein sind nach thomistischer Lehre austauschbare Begriffe, Transzendentalien. Das Böse ist kein Sein, sondern die Privation des Seins, des Guten, so wie die Blindheit kein Sein, sondern eine Privation des Sehens ist. Das Böse stellt in sich einen Mangel dar, es ist ein Mangel am Guten und insofern ein Mangel am Sein. Gott kann aber niemals die Ursache des Mangels sein. Jeder Mangel hat eine unvollkommene oder mangelhafte Ursache, und dies bedeutet, der Mangel an Gutem, die Privation des Guten, hat den Menschen zur Ursache. Wenn ein Mensch einen anderen Menschen überfällt und beraubt, dann wirkt Gott insofern dabei mit, als der Entschluss des Menschen zum Handeln und die Handlung selbst in einem ontologischen Sinne gut sind. Das Tätigsein *als solches* ist etwas Gutes, da es sich um eine Aktualität, also um etwas Seiendes handelt. Sofern die Handlung aber der menschlichen Natur widerspricht – und dies ist das Wesen der schlechten Handlung –, ist sie allein dem Menschen zuzuschreiben und nicht Gott. Dieses Thema reicht aber in den Bereich der Ethik hinein, die ich in einem folgenden Buch behandeln werde.

Zu diesem Bereich wäre noch sehr viel zu sagen und die Antworten, die ich hier zu geben versucht habe, führen eher dazu, weitere Fragen aufzuwerfen als die aufgeworfenen Probleme zu lösen. Wir wollen uns aber jetzt noch einer anderen Tätigkeit Gottes zuwenden, die mit der göttlichen Allwissenheit eng verbunden ist und schon mehrfach genannt und auch vorausgesetzt wurde, nämlich der göttlichen Allmacht.

9. Gott ist allmächtig

Wenn Gott die Ursache für die Existenz der Welt wie auch für alle Vorgänge, Prozesse und Ereignisse in der Welt ist, wie aus den Gottesbeweisen folgt, dann ist offensichtlich, dass Gott Macht haben muss. Jeder Prozess, jeder Vorgang, jedes Ereignis oder jede Tätigkeit und Handlung geht aus einer Macht hervor, sagt Thomas von Aquin. Und je aktualer eine Entität ist, desto mächtiger ist sie, desto mehr kann sie bewirken. Dies bedeutet für Gott als „reinen Akt", *actus purus*, dass seine Macht unendlich ist. Unendliche Macht ist aber das, was man mit Allmacht meint. Doch was bedeutet Allmacht konkret? Kann Gott Auto fahren oder 1000 Meter in 10 Sekunden laufen? Kann Gott einen Stein erschaffen, der so schwer ist, dass er ihn selbst nicht bewegen kann? Kann Gott ein rundes Quadrat erschaffen? Kann Gott die Ereignisse der Vergangenheit verändern? Kann er z.B. bewirken, dass der Nationalsozialismus und die Judenvernichtung nicht stattgefunden haben?

Man könnte sagen, wenn Gott allmächtig ist, dann muss es ihm möglich sein, all dies zu tun. Sonst gibt es etwas, das Gott nicht tun kann, und dann kann man nicht behaupten, Gott sei allmächtig. Man kann René Descartes in diesem Sinne verstehen, denn er sagte, dass auch alle ewigen und logischen Wahrheiten wie die, dass das Ganze größer ist als die Teile, nur deshalb wahr sind, weil Gott es so eingerichtet hat. Gott könnte also prinzipiell auch eine Welt schaffen, in der solche logischen Gesetze nicht mehr wahr sind. Und William von Occam behauptet etwas Ähnliches, wenn er sagt, dass Gott bewirken könnte, dass etwas Gutes böse sei. Denn ob etwas gut oder böse ist, beruht nach Occam allein darauf, dass Gott es so bestimmt hat. Er könnte dies aber auch jederzeit anders bestimmen. Demnach würde „Allmacht" so viel besagen wie, dass Gott auch Widersprüche erschaffen könnte oder z.B. die Vergangenheit verändern könnte.

Uns erscheint ein solcher Begriff der Allmacht allerdings höchst fragwürdig. Und es folgt auch nicht notwendig aus dem Begriff der Allmacht, dass Gott solche Dinge tun kann. Wenn Gott rational ist, wenn er einen allwissenden Verstand hat, wie wir zuvor gesagt haben, dann kann er nicht etwas tun, was irrational ist. Doch dieses „kann nicht" bedeutet keine Beschränkung der göttlichen Allmacht, sondern eher das Gegenteil. Etwas Irrationales ist nicht seiend. Logische Gesetze sind nicht nur deshalb wahr, weil Gott es so bestimmt hat, sondern sie sind in sich selbst wahr, sie sind gewissermaßen etwas „in Gott" selbst, in Gott als einem reinen, absoluten Intellekt. Gott kann ja auch nicht sich selbst vernichten. Er kann nichts tun, was dem Sein selbst widerspricht. Und deshalb kann er auch keine moralischen Gebote einfach in das Gegenteil ändern, denn diese Gebote ergeben sich aus der Natur, aus der Wesenheit des Menschen. Da Occam bestreitet, dass der Mensch eine unveränderliche Natur, eine Wesenheit besitzt, kann er auch behaupten, dass die moralischen Gesetze nur auf Anordnungen Gottes beruhen. Sofern es Menschen gibt, die rationale Sinneswesen sind, gibt es die moralischen Gebote, wie wir sie kennen, die es uns verbieten, Unschuldige zu töten, Kinder zu quälen oder andere Menschen zu berauben.

Gott „kann" also nicht alles tun, doch bedeutet dies keine Einschränkung der göttlichen Allmacht, sondern dies folgt aus seinem Wesen als Gott mit den Eigenschaften, die wir schon kennengelernt haben und die mit seinem Wesen identisch sind. Doch wie steht es dann mit den Fragen, die ich zu Beginn dieses Abschnitts gestellt habe? Kann Gott Auto fahren oder 1000 Meter in 10 Sekunden laufen? Wenn Gott ein immaterielles Wesen ist, dann kann er dies selbstverständlich nicht. Er könnte möglicherweise ein Auto fahren lassen, ohne dass darin ein Fahrer sitzt. Zumindest ist dies logisch möglich, auch wenn es die Naturgesetze nicht zulassen. Die Naturgesetze sind aber Gesetze, die sich aus der Natur der von Gott geschaffenen Dinge ergeben. Wir bestreiten nicht, dass es Wunder geben kann, doch Wunder bestehen nicht in der Durchbrechung von Naturgesetzen, wie David Hume meinte. Ein Durchbrechen der Naturgesetze würde eine Auflösung der Naturen, der Wesenheiten der Dinge bedeuten, und dies ist etwas, was nicht möglich ist.

Wie dem auch sei: Da Gott keinen Körper hat, kann er nicht Auto fahren und auch nicht laufen, weder sehr schnell noch überhaupt. Kann Gott aber einen Stein erschaffen, den er selbst nicht bewegen kann? Die Antwort lautet: Nein! Doch warum nicht? Weil ein solcher Stein nicht existenzfähig ist, weil er in sich einen logischen Widerspruch enthält, wie auch das runde Quadrat in sich selbst widersprüchlich ist. Gott kann all das nicht, was logisch in sich selbst widersprüchlich ist. Doch auch für dieses Nichtkönnen gilt, dass es keine Beschränkung der göttlichen Allmacht darstellt, sondern dass es daraus folgt, dass Gott rational ist. Gott kann als allmächtiges Wesen alles tun, was möglich ist. Es kommt darauf an, was hier mit „möglich" gemeint ist. Gemeint ist nicht nur „logisch möglich", denn es gibt, wie schon gesagt, Dinge, die durchaus logisch möglich sind, die aber dennoch aus anderen Gründen für Gott nicht möglich sind, wie z.B. das Autofahren. Autofahren ist nur einem Wesen möglich, zumindest grundsätzlich, das körperlich ist. Es ist auch nicht möglich, dass der Mensch ein Affe ist, und zwar deshalb nicht, weil das Prädikat Affe nicht mit dem Subjekt Mensch kompatibel ist (S. th. Ia, 25, 3). In einem absoluten Sinne kann Gott alles tun, was möglich ist. Dies bedeutet, dass alles, was seiend ist, in den Bereich dessen fällt, was in einem absoluten Sinne möglich ist, und in diesem Sinne wird Gott als allmächtig bezeichnet (ibid.). Was aber nicht in diesem Sinne seiend ist, ist auch nicht möglich, und deshalb sind runde Quadrate ebenso wenig möglich wie dass Gott die Geschichte rückgängig macht.

Gottes Verhältnis zur Welt

Zum Schluss noch einige Worte zum Verhältnis Gottes zur Welt, die er erschaffen hat. Einerseits ist Gott gegenüber der Welt absolut transzendent und kein Teil der Welt; er ist nirgendwo in der Welt vorhanden. Andererseits ist Gott als Ursache in allen Teilen der Welt gegenwärtig.

10. Gott ist allgegenwärtig

Aus den beiden ersten Gottesbeweisen geht hervor, dass Gott sowohl die Ursache für die Tätigkeit als auch die erste Ursache für die Existenz jeder Entität ist. Insofern ist Gott im Sinne einer Wirkursache in allen Entitäten gegenwärtig. Gott teilt als Schöpfer aller Dinge jeder einzelnen Entität seine Existenz, sein Sein mit. Die Erschaffung einer Entität und die Erhaltung einer Entität in der Existenz sind ein und derselbe Vorgang. Da es in einer Entität kein Prinzip gibt, durch das sie sich selbst in der *Existenz* hält (was etwas anderes ist als z.B. sich am Leben zu erhalten), kann nämlich nur Gott die Erhaltung einer Entität in der Existenz bewirken. Ein sogenanntes „*principle of inertia in being*“ (Prinzip der existenziellen Trägheit), wie es von Mortimer Adler (1902–2001) in Anlehnung an Newtons Trägheitsprinzip vorgeschlagen wurde, ist unhaltbar, wie Edward Feser argumentiert hat (2015, 84ff.). Die Theorie Mortimer Adlers und ähnliche Theorien müssten eine Ursache oder einen Grund dafür angeben, durch die oder durch den sich eine Entität in der Existenz erhält. Doch genau diese Ursache wird nicht genannt. Die Theorie versteht sich vielmehr als ein Gesetz, das beschreibt, dass sich Entitäten in der Existenz erhalten bzw. weiterbestehen. Eine Erklärung für diese Tatsache kann die Theorie nicht liefern.

Um sich selbst in der Existenz zu halten, müsste eine Entität ihre Potenzialität selbst aktualisieren. Es gibt aber keine Potenz, die sich selbst aktualisiert. Also muss es eine aktuale Ursache geben, die eine Potenz aktualisiert, und diese Ursache ist entweder selbst durch eine andere Ursache aktualisiert worden, oder sie ist reine Aktualität. Eine Ursachenreihe *per accidens* kann im Prinzip ins Unendliche fortgesetzt werden. Da es sich hierbei aber um eine Kausalreihe *per se* handelt, muss an deren Anfang eine reine Aktualität stehen, und diese ist allein Gott. Also hält Gott alle Entitäten in der Existenz.

Wenn Gott aber die Ursache der Erschaffung und Erhaltung einer Entität ist, dann ist er in allen Entitäten als diese Ursache gegenwärtig. Dies bedeutet zugleich, dass Gott an allen Orten im Universum gegenwärtig ist, ohne freilich selbst räumlich zu sein.

Bei Gott sind absolute Transzendenz, also ein unendlicher Abstand von der Welt, und Immanenz, d.i. unmittelbare Gegenwart in allen Dingen und Ereignissen, kein Widerspruch. Nur ein Wesen, das absolut transzendent ist, kann auch den Dingen immanent sein.

Thomas von Aquin sagt an einer Stelle in seinem Werk, dass für uns der Abstand Gottes von der Welt ein unendlicher ist, dass es aber für Gott keinen Unterschied zwischen ihm selbst und der Welt gibt. Für Gott ist die Welt nicht von ihm verschieden, denn er ist der Schöpfer der Welt und für Gott kann es nichts geben, was nicht er selbst ist.

Wunder. Ein Exkurs

Zum Schluss dieses Kapitels noch einige Worte zu der Möglichkeit oder Wirklichkeit von Wundern. Das Thema passt zwar nicht ganz in die Konzeption dieses Buches, doch wurde ich von Studierenden gebeten, dazu etwas zu sagen, und an einigen Stellen dieses Buches wurde das Thema bereits gestreift. Außerdem gibt es in der Religionsphilosophie immer wieder Diskussionen über die Frage nach der Möglichkeit von Wundern, wobei hier alles darauf ankommt, was man unter einem Wunder versteht. Ich kann mich im Folgenden weitgehend auf die Wiedergabe der Analysen zu diesem Thema bei David Oderberg (2007, 148f.) beschränken.

Ein bekannter Einwand gegen die Möglichkeit von Wundern, die gewissermaßen einen „Eingriff" Gottes in die Welt darstellen, lautet, dass Wunder angesichts der metaphysischen Notwendigkeit der Naturgesetze nicht möglich seien. Selbst wenn es zutrifft, dass Naturgesetze metaphysisch notwendig sind, schließt dies keineswegs die Möglichkeit von Wundern aus. Wenn Wunder eine Verletzung der Naturgesetze darstellen, dann ist allerdings schwer vorstellbar, wie Wunder möglich sein sollen, wenn diese metaphysisch notwendig sind. Aber Wunder stellen keine Verletzung der Naturgesetze dar, sondern eine Suspension oder Aussetzung der relevanten Naturgesetze (ibid.). Oderberg vergleicht dies in einer groben Analogie mit positiven Gesetzen des Rechts. Der Gesetzgeber kann aus bestimmten Gründen ein Gesetz aussetzen oder den Vollzug des Gesetzes außer Kraft setzen bzw. die Bestrafung für die Missachtung des Gesetzes aussetzen. Das Gesetz bleibt dabei in Kraft, aber es wird nicht mehr eingehalten und Verletzungen werden zugelassen. Etwas anderes ist es, wenn der Gesetzgeber ein Gesetz zeitweilig widerruft und es aus den Gesetzbüchern streicht. Solange dieses Gesetz außer Kraft gesetzt wird, gibt es keine Verletzung des Gesetzes, denn es gibt gar kein Gesetz, das verletzt wird. Dieser zweite Fall entspricht, natürlich nur in einer groben Analogie, den Wundern. Während ein Wunder geschieht, sind die Naturgesetze außer Kraft gesetzt, sie sind nicht mehr wirksam und deshalb verletzt das Wunder kein Naturgesetz. Die Naturgesetze sind hier überhaupt nicht in Kraft.

Die Frage, die sich dann aber stellt, lautet, warum diese Wunder nur an einem bestimmten Ort und zu einer bestimmten Zeit geschehen und nicht überall, wo dieses Gesetz wirksam ist, wo doch das Naturgesetz suspendiert ist? Natürlich könnte dies in einem extremen Fall tatsächlich geschehen. Gott könnte tatsächlich das Gesetz universal für eine bestimmte Zeit suspendieren. Doch in den üblichen Fällen, wo man von Wundern spricht, geschieht dieses Wunder in der Weise, dass die Naturgesetze für eine bestimmte Zeit und an einem bestimmten Ort suspendiert werden. Beispiele solcher Wunder, wie sie im Neuen Testament berichtet werden, sind die Totenerweckung oder die Verwandlung von Wasser in Wein (ibid., 149).

Es ist aber auch für Gott grundsätzlich unmöglich, Naturgesetze daran zu hindern, in der Weise wirksam zu sein, wie sie es üblicherweise sind. Dies hängt zusammen mit dem Wesen der Naturgesetze. Ein Naturgesetz ist nichts anderes als ein Gesetz, das sich aus dem Wesen, d.h. der Natur einer Entität, bzw. einer Art ergibt. Bei Naturgesetzen handelt es sich um Potenzen oder Potenzialitäten, die zum Wesen einer Entität gehören. Deshalb ist Gott gewissermaßen durch die Wesenheiten oder Naturen der von ihm geschaffenen Dinge gebunden, und eine Durchbrechung der Naturgesetze wäre vergleichbar mit einem Verstoß gegen die Gesetze der Logik, was Gott ebenso wenig möglich ist. Ein Eingriff Gottes in die Naturgesetze würde deshalb bedeuten, dass Gott die Gesetze daran hinderte, entsprechend ihrer Natur tätig zu sein, Gott würde sozusagen die Dinge daran hindern, das zu sein, was sie sind. Dies ist eine nicht bloß semantische, sondern eine fundamental metaphysische Unmöglichkeit, wie Oderberg (ibid.) betont. Natürlich könnte Gott jederzeit andere Naturen erschaffen und grundsätzlich könnte er auch die bestehenden Naturen vernichten und neue Entitäten mit anderen Naturgesetzen erschaffen. Dies ist aber etwas anderes als bestimmte existierende Naturen in der Existenz zu erhalten und sie zugleich daran zu hindern, entsprechend ihrer Natur, d.h. entsprechend den Naturgesetzen tätig zu sein. Denn die aktuellen Naturgesetze beschreiben nichts anderes als das, wie eine Wesenheit tätig ist, wie sie tätig sein *muss*, um eben diese Natur zu sein. Dies bedeutet zusammengefasst, dass die Notwendigkeit der Naturgesetze durch ein Wunder in keiner Weise beeinträchtigt oder entkräftet wird. Die Naturgesetze werden bei einem Wunder nur zu einer bestimmten Zeit und an einem bestimmten Ort suspendiert, d.h. außer Kraft gesetzt.

IV. Theodizee, oder die Frage nach dem Leid in der Welt

Der Begriff der Theodizee in seiner heutigen Bedeutung stammt von Gottfried Wilhelm Leibniz (1646–1716). Der Begriff bedeutet „Rechtfertigung Gottes". Man kann dies so verstehen, dass es um die Frage geht, warum Gott angesichts seiner Allmacht, seiner Allwissenheit und Vorsehung es zulässt, dass so viel Leid auf dieser Welt herrscht. Gott soll sozusagen gerechtfertigt werden angesichts des Leids und Elends in dieser Welt. Das Leid in der Welt, insbesondere das Leiden unschuldiger Kinder, wird immer wieder von Agnostikern und Atheisten als wichtigstes Argument gegen die Existenz eines allmächtigen und gütigen Gottes angeführt. Allerdings ist dies allenfalls ein Argument gegen die Existenz eines gütigen Gottes und sagt nichts gegen die Existenz Gottes als solchen. Die Frage der Theodizee lautet, warum Gott dieses Leiden zulässt, obwohl er durch seine Allmacht und Allwissenheit die Macht besitzt, dieses Leiden zu verhindern. Der christliche Apologet Lactantius (250–317 n. Chr.) hat das Problem der Theodizee in besonders klarer und prägnanter Weise zusammengefasst:

> „Entweder will Gott die Übel beseitigen und kann es nicht:
> Dann ist Gott schwach, was auf ihn nicht zutrifft.
> Oder er kann es und will es nicht:
> Dann ist Gott missgünstig, was ihm fremd ist.
> Oder er will es nicht und kann es nicht:
> Dann ist er schwach und missgünstig zugleich, also nicht Gott.
> Oder er will es und kann es, was allein für Gott ziemt:
> Woher kommen dann die Übel und warum nimmt er sie nicht weg?"

Wie zu erwarten, hat es im Verlauf der Geschichte zahlreiche Antworten auf diese Fragen gegeben. Ich kann hier nicht die ganze Breite der Antworten vorstellen, sondern möchte nur die wichtigsten und bekanntesten Theorien nennen. Vielleicht am bekanntesten ist die Antwort Leibniz' und einiger anderer „Optimisten", die unsere Welt, in der wir leben, als „die beste aller möglichen Welten" bezeichnen. Zu diesen optimistischen Theorien gehören mehr oder weniger auch Platon und die antiken Stoiker, im Mittelalter der Philosoph und Theologe Petrus Abaelard (1079–1142) und in der Neuzeit neben Leibniz auch Nicolas Malebranche (1638–1715). Die überzeugendste und am besten begründete Theorie ist die von Leibniz. Er geht davon aus, dass Gott absolut gut ist und deshalb keine andere Welt erschaffen kann als die beste aller möglichen Welten. Deshalb ist unsere Welt, in der wir leben, die beste aller möglichen Welten. Wäre dies nun tatsächlich der Fall, dann stellt sich die Frage, warum es in unserer Welt so viel Leid gibt. Denn in „der besten aller möglichen Welten" dürfte es kein Leid geben, denken wir. Dieses Leid ist nicht nur darauf beschränkt, dass Menschen anderen Menschen Leid zufügen, sondern es gibt auch das physische Leid, das durch Umweltkatastrophen wie Vulkanausbrüche, Erdbeben, Tsunamis oder Überschwemmungen verursacht wird. Insofern kann man sagen, dass es geradezu paradox ist, unsere Welt als die beste aller möglichen zu bezeichnen.

Leibniz argumentiert nun folgendermaßen: 1. Gott hat die Welt zu seiner Verherrlichung erschaffen. Daher würde eine Schöpfung, die nicht vollkommen ist, dieses Ziel verfehlen. 2. Angesichts all der Möglichkeiten, die Gott bei der Erschaffung der Welt zur Verfügung stehen, muss er einen Grund haben, eine dieser Möglichkeiten gegenüber allen anderen zu bevorzugen. Doch der einzige Grund, den er haben kann, ist der, dass eine bestimmte Welt besser ist als alle anderen. Jede andere Entscheidung wäre unvereinbar mit Gottes Weisheit. 3. Ähnlich wäre es unvereinbar mit seiner höchsten Güte, wenn er eine weniger vollkommene Welt erschaffen hätte. Nun stellt sich allerdings für Leibniz die Frage, in welchem Sinne man sagen kann, dass eine Welt die beste aller möglichen ist. Seine Antwort lautet, dass diese nicht die beste in Hinsicht auf die menschlichen Vorteile ist, sondern in Hinsicht auf das Gute des Universums als eines Ganzen. Weil nun das bestmögliche Universum die menschliche Vernunft und Freiheit voraussetzt, wird Gott dem Menschen diese Ausstattung verleihen, auch dann, wenn das Ergebnis überwiegend verletzend für die Menschen sein sollte. Allerdings überwiegen die vorteilhaften Konsequenzen der Vernunft die schädlichen bei weitem. Die Existenz des Bösen erklärt Leibniz durch die Unvollkommenheit, die in den Kreaturen besteht und von ihnen nicht zu trennen ist. Gott selbst wollte eine Welt erschaffen, die, obwohl sie zwangsläufig Böses enthält, dennoch die beste aller möglichen Welten ist. Den Einwand, dass Gottes Unendlichkeit doch beinhalten müsste, dass er jede beliebige Welt erschaffen könnte und auch eine solche, die besser ist als die gegenwärtige, beantwortet Leibniz dadurch, dass er sagt, dieser Einwand wäre dann gültig, wenn es um eine individuelle Substanz ginge, die notwendigerweise endlich ist. Das Universum jedoch ist nach Auffassung Leibniz' in seiner Dauer unendlich (Theodizee, Nr. 195). Hier ist ein Fehlschluss ganz offensichtlich. Selbst wenn das Universum unendlich bestehen sollte oder zumindest kein Ende hat, gibt es keinen Grund, warum Gott nicht ein anderes unendliches Universum erschaffen haben sollte, das eine größere Vollkommenheit hat.

Optimistische Theorien zur Lösung des Problems des Übels in der Welt sehen sich zudem einem anderen Einwand ausgesetzt, dass sie nämlich die wirkliche Bedeutung des Leidens nicht ernst nehmen. Das Übel und das Böse sind eine schreckliche Realität. Das Leid, das Menschen anderen Menschen antun, oder das Leid, das durch Naturkatastrophen und Kriege über die Menschen kommt und von dem wir heute nahezu täglich aus den Medien erfahren, ist geradezu unvorstellbar grausam. Bei Leibniz und anderen Optimisten hört es sich eher so an, als sei dies eher eine kleine hinnehmbare Angelegenheit angesichts der zahlreichen Vorteile in dieser Welt.

Thomas von Aquin hätte übrigens auf die optimistische Theorie Leibniz', dass Gott die beste aller möglichen Welten geschaffen hat, geantwortet, dass es in der Tat wahr ist, dass Gott die Welt nicht in einer besseren Weise hätte erschaffen können, als er es getan hat, denn die Art und Weise seiner Tätigkeit muss vollkommen dem entsprechen, was Gott im Blick hat. Doch hätte Gott eine Unendlichkeit von Welten erschaffen können, die *in sich selbst* besser sind als diese Welt, die er tatsächlich erschaffen hat, weil es einen unendlichen Unterschied gibt zwischen der göttlichen Gutheit und der Gutheit irgendeines geschaffenen Seienden, und sei es auch einer geschaffenen Welt, selbst wenn diese vollkommen ist. Wenn man das Wort „vollkommen" adverbial gebraucht, dann hätte Gott nichts Besseres erschaffen können. Gebraucht man das Wort „vollkommen“ hingegen als Adjektiv, dann hätte er eine bessere Welt erschaffen können.

Doch welche Antwort kann man dann auf die Frage geben, warum es so viel Übel und Böses in der Welt gibt, wenn es doch einen guten und allmächtigen Gott gibt? Für die Antwort auf diese Frage müssen wir zunächst die Natur des Bösen bzw. des Übels klären.

Ist das Böse etwas Seiendes, eine Entität? Nach Auffassung der thomistischen Philosophie ist dies nicht der Fall. Das Böse und das Übel sind Privationen, d.h., sie stellen einen Mangel dar. Ein Mangel ist natürlich immer ein Mangel an etwas Seiendem und, insofern es ein Seiendes ist, ein Mangel an Gutem. Diese Bestimmung des Bösen ist zentral für die weitere Analyse. Das Böse kann nicht in einer Handlung angestrebt werden. Jeder, der tätig ist, strebt nach etwas Gutem, auch wenn dies Gute sich dann tatsächlich als schlecht oder böse erweist. Um es etwas zugespitzt zu sagen: Wer eine Bank überfällt, erstrebt etwas Gutes, nämlich das Geld. Geld ist zweifellos etwas Gutes. Der „Mangel“ an Gutem geschieht in diesem Fall durch die Art und Weise, wie das Geld erstrebt wird, nämlich durch Anwendung von Gewalt und durch Beraubung des Eigentums eines oder mehrerer anderer. Das ist keine Verharmlosung des Bösen, denn die Realität und oftmals Grausamkeit der Folgen des Bösen wird hier nicht bestritten. Es wird nur gesagt, dass das Böse kein Sein hat, dass es als solches keine Entität ist, sondern ein Mangel an der Vollkommenheit (im weitesten Sinne) von etwas Seiendem, das diese Vollkommenheit haben sollte. An einem unmoralischen Beispiel wird dies deutlicher: Die Blindheit ist nicht selbst etwas Seiendes, sondern an Mangel an der Vollkommenheit eines Seienden, denn zur Vollkommenheit bestimmter Sinneswesen gehört es, dass sie sehen können. Das fehlende Sehvermögen ist ein Mangel, eine Privation (vom Lateinischen: Beraubung). Dabei handelt es sich also um etwas Negatives. Doch diese Privation, das Negative beinhaltet etwas Positives, etwas Seiendes, nämlich dasjenige, in oder an dem diese Privation sich findet, z.B. beim Menschen. Insofern kann man sagen, dass das Böse das

Gute voraussetzt. Das Böse oder das Übel ist nicht etwas in sich selbst, sondern ein Mangel, eine Privation des Guten.

Wenden wir uns jetzt zunächst dem physischen Übel zu, also solchen Übeln wie Naturkatastrophen oder dem Leid der Tiere, das diese z.B. dadurch ertragen müssen, dass sie zur Nahrung anderer Tiere werden, und fragen wir, was der Ursprung dieser Übel ist. Nach einer Ursache des Übels kann man nicht fragen, weil das, was nichts ist, auch keine Ursache hat. Gleichwohl muss es einen Grund geben, warum es das Übel gibt. Dies bedeutet auch, dass Gott nicht die Ursache des Übels sein kann, wie er die Ursache des Seienden ist. Es gab früher (und gibt z.T. auch noch heute) Theorien oder Religionen, die davon ausgingen, dass es mehrere Götter gebe, von denen die einen gut, die anderen aber böse seien, und dass Letztere das Übel in der Welt verursachten. Jede Theorie, die das Übel oder das Böse wie etwas Seiendes behandelt, muss in letzter Konsequenz eine solche dualistische Weltsicht einnehmen. Demgegenüber ist die klassische Philosophie stets davon ausgegangen, dass es nur eine Ursache für die Welt gibt, nämlich Gott, und dass Gott nicht die Ursache der Übel sein kann, weil das Übel eine Privation oder ein Mangel des Guten ist. Dies hat zur Folge, dass das Übel in der Welt indirekt entsteht, akzidentell und entgegen der wesentlichen Absicht im Verlauf einer Handlung, die in sich selbst gut ist. Es ist so, als ob ich spazieren gehe, was etwas Gutes ist, und dabei stürze, was natürlich nicht beabsichtigt war und ein Übel darstellt. Das Übel ist also bei der Erschaffung der Welt von Gott nicht intendiert worden, sondern es ist eine Privation der Vollkommenheit der Schöpfung, so wie die Blindheit eine Privation des Sehvermögens und der Sturz eine Privation des Spaziergangs ist.

Gleichwohl bleibt allerdings die Tatsache, dass Gott offenbar solche Dinge will, die zumindest von Übeln begleitet sind. Er will solche Naturgesetze, die gelegentlich zu Erdbeben oder Vulkanausbrüchen führen und tausenden Menschen das Leben kosten und unaussprechliches Leid über die Menschen bringen. Naturgesetze, zu denen es gehört, dass Bakterien und Viren schwere Krankheiten verursachen, und Gesetze, durch die sich die verschiedenen Arten der Tiere gegenseitig Leid zufügen. Wenn Gott auch dieses Leiden nicht als solches will, so will er doch das, wodurch solches Leid entsteht, oder das, was mit diesem Leid verbunden ist. So scheint es, dass der einzige Ausweg darin besteht, dass Gott überhaupt keine Welt erschafft, wenn dieses Leid und Übel stets mit der Erschaffung der Dinge verbunden ist. Doch Gott hat nun einmal diese Welt erschaffen. Sollten wir deshalb zu dem Schluss kommen, dass Gott entweder schwach oder bösartig ist?

In der gegenwärtigen Religionsphilosophie gibt es durchaus eine Tendenz, Gott als eher schwach zu verstehen. Ich habe schon darauf hingewiesen, dass verschiedene Philosophen Gott als Wesen in der Zeit auffassen, oder als eine Person, die nicht in der Lage ist, unsere freien Entscheidungen im Voraus zu erkennen. Er kann dann nur die Fehlentscheidungen der Menschen im Nachhinein wieder ausbügeln, um noch Schlimmeres zu verhindern. Allmacht im klassischen und zuvor beschriebenen Sinne will man Gott nicht mehr zuschreiben. Gott muss angesichts der Übel in der Welt in seiner Macht beschränkt sein, denn anderenfalls hätte er diese Übel nicht zugelassen. Doch wenn Gott begrenzt ist, dann kann er auch nicht die erste Ursache der Existenz und Tätigkeit aller Entitäten sein. Und wenn dies zutrifft, dann gibt es eigentlich gar keinen Gott.

Doch unser Verstand sagt uns, dass dies nicht sein kann, denn ich glaube, dass die Gottesbeweise, die wir dargestellt haben, wirklich starke Argumente für die Existenz Gottes und auch für seine Allmacht und Allwissenheit darstellen. Die zuvor geäußerten Zweifel beruhen auf Voraussetzungen und Prämissen, die durchaus widerlegbar sind. Denn das Übel, das wir in der Welt finden, beruht auf der Tatsache, dass diese Welt eine Welt begrenzter Entitäten ist. Wenn aber begrenzte Entitäten existieren, dann kann es nicht anders sein, als dass diese Entitäten Privationen und Fehler beinhalten. Dass Gott keine vollkommene Welt erschaffen hat, spricht nicht gegen die Vollkommenheit und Allmacht Gottes, sondern spricht für eine *wesensmäßige* Begrenzung in der Vollkommenheit der Geschöpfe. Gott hat deshalb keine vollkommene Welt erschaffen, weil ein vollkommenes Geschöpf kein Geschöpf mehr ist. Gott kann keine vollkommenen Geschöpfe erschaffen, weil dies ein

Selbstwiderspruch ist, denn ein absolut vollkommenes „Geschöpf" wäre Gott, also kein Geschöpf. Eine Schöpfung ohne Begrenzung und Unvollkommenheit ist ein Selbstwiderspruch.

Kommen wir nun zum Übel im menschlichen Leben, zum Bösen. Einige der genannten Übel, die Naturkatastrophen und andere Übel, an denen die Menschen nicht direkt schuldig sind, betreffen natürlich auch den Menschen. Hier geht es um die Übel, die Menschen durch andere Menschen angetan werden. Es geht um das moralisch Böse. Ausführlich werde ich mich mit dem moralisch Bösen und mit der Moral bzw. Ethik insgesamt in einem eigenen *Grundkurs* zu diesem Thema auseinandersetzen, der derzeit vorbereitet wird. In diesem Abschnitt geht es nur um das menschlich Böse, insofern es in Bezug zu der Frage steht, wie Gott als vollkommen gutes Wesen dieses Böse zulassen kann.

Das moralisch Böse steht in direktem Gegensatz zum Wesen Gottes und kann deshalb auf keinen Fall von ihm gewollt sein. Das Böse widerspricht der von Gott geschaffenen Natur des Menschen, aus der sich die moralischen Verpflichtungen, die Rechte und Pflichten des Menschen ergeben. Dennoch steht außer Frage, dass dieses Übel, das Böse, von Gott zugelassen wird, denn es gibt nichts, das nicht von Gott als Erstursache erschaffen wird oder zumindest zugelassen wird. Könnte Gott also nicht das Böse verhindern, das Menschen anderen Menschen antun und das bei weitem ein größeres Übel darstellt als die physischen Übel? Gott muss dieses Böse vorhergesehen haben, und er hätte es nicht zugelassen, wenn es nicht in letzter Konsequenz auf ein gutes Ziel gerichtet wäre.

Oft wird auch von religiösen Menschen und von Christen gesagt, dass Gott keine freien Wesen hätte erschaffen können, ohne dass diese auch Böses tun, denn ein freies Wesen muss notwendigerweise in der Lage sein, Böses zu tun. Doch diese Annahme, so überzeugend sie sich auch im ersten Augenblick anhören mag, ist vollkommen unbefriedigend. Denn die Fähigkeit, Böses zu tun, ist nicht notwendig mit der Freiheit des Menschen verbunden. Eher könnte man das Gegenteil sagen. Ein Mensch, der Böses tut, wird dadurch unfrei. Denn der Wille ist wesentlich auf das Gute gerichtet, der Gegenstand des Willens ist immer das Gute und der Wille ist umso freier, je mehr er das Gute anstrebt und tut.

Natürlich gibt es ohne Freiheit auch nicht die Möglichkeit zum Bösen, aber auch keine Möglichkeit zu einem tugendhaften Leben. Es ist aber nicht richtig, dass die Möglichkeit des Bösen notwendig mit der Freiheit verbunden ist. Diese Möglichkeit des Bösen hat nichts zu tun mit dem vollkommenen Besitz der Freiheit. Die Möglichkeit zum Bösen ergibt sich infolge der Unvollkommenheit der Freiheit. Deshalb kann die Antwort auf die Frage, warum Gott das Böse zulässt, nicht lauten, dass er dem Menschen die Freiheit zum Bösen geben wollte. Tatsächlich wäre das Böse nicht möglich, wenn Gott den Menschen mit einem vollkommen freien Willen ausgestattet hätte. Dann stellt sich aber die Frage, warum er dies nicht getan hat. Darauf, so muss man zugestehen, gibt es keine vollständig befriedigende Antwort, die Antwort übersteigt in gewissem Sinne unseren endlichen Verstand. Wenn wir davon überzeugt sind, dass Gott gut ist, dann sollten wir auch überzeugt sein, dass seine Zulassung des Bösen im Letzten gut ist, wenn auch für uns die Art dieses Guten nicht verständlich ist. Man argumentiert aus einer Unkenntnis, wenn man sagt: weil wir nicht erkennen können, warum das Böse von einem guten Gott zugelassen wird, gibt es keinen Gott. Eher könnte man nämlich sagen, dass das Böse gerade zeigt, dass es einen Gott geben muss, denn das Böse entsteht nur als eine Unordnung und diese Unordnung wiederum als eine Abweichung von der Ordnung, für die es selbst keine andere Erklärung gibt, wenn es keine Quelle des Guten gibt, denn die Ordnung selbst ist gut.

Dennoch kann man einige Hinweise darauf geben, wozu das Böse in der Welt gut ist. Der Widerstand gegen das Böse ist sicher eines der höchsten Werte zur Förderung des moralischen Wachstums. Wer das moralische Gesetz gegen den Widerstand des Bösen verteidigt und dabei keine Schwierigkeiten scheut, steigert nicht nur das Gute für sich selbst, sondern auch für andere.

Eine wirklich vollkommene Freiheit würde den Menschen unfähig zum Bösen machen. Aber es könnte sein, dass es für Gott widersprüchlich wäre, ein Wesen zu erschaffen, das eine solche Freiheit als seine Natur besäße wie Gott selbst. Denn eine solche Unfähigkeit zum Bösen setzt vermutlich ein vollständiges und vollkommenes Wissen des Guten voraus, und ein solches Wissen bedeutet, dass das Böse jede Anziehungskraft verliert. Ein geschaffenes Seiendes, das ein solches Wissen besäße, erforderte geradezu eine Unendlichkeit und könnte deshalb nicht als eine endliche Entität erschaffen werden. Es wäre dann ein endlich Unendliches, was ein logischer Widerspruch ist, den auch Gott nicht abschaffen kann.

Dieses Argument erklärt aber auch nur, warum Gott kein Seiendes erschaffen hat, das von seinem Wesen her unfähig zum Bösen ist. Es erklärt nicht, warum er Menschen erschaffen hat, die zum Bösen fähig sind. Hier bleibt es bei unserer Unkenntnis einer Antwort. Wir können allenfalls sagen, dass das Gute, aufs Ganze gesehen, das Böse überwiegt und dass es im Universum mehr Gutes und mehr Glück gibt als Unglück und Böses.

Bibliographie

A. Einführungsschriften zur Religionsphilosophie

BECKERMANN, ANSGAR (2013): *Glaube*. Reihe: Grundthemen Philosophie. Berlin, Boston: De Gruyter.

CRAIG, WILLIAM LANE (2002): *Philosophy of Religion. A Reader and Guide*. New Brunswick: Rutgers University Press.

CRAIG, WILLIAM LANE | MORELAND, J.P. (2003): *Philosophical Foundations for a Christian Worldview*. Downers Grove: Intervarsity Press.

DAVIES, BRIAN (2000): *Philosophy of Religion. A Guide and Anthology*. Oxford: Oxford University Press.

DAVIES, BRIAN ([3]2004): *An Introduction to the Philosophy of Religion.* Oxford: Oxford University Press.

HAILER, MARTIN (2014): *Religionsphilosophie*. Göttingen: UTB. Vandenhoeck & Ruprecht.

KÄLIN, BERNARD (1957): *Lehrbuch der Philosophie*. Heusenstamm 2011: editiones scholasticae (Neuauflage).

LENNOX, JOHN ([7]2007): *Hat die Wissenschaft Gott begraben? Eine kritische Analyse moderner Denkvoraussetzungen*. Reihe Glaube und Wissenschaft. Wuppertal: R. Brockhaus Verlag.

LÖFFLER, WINFRIED ([2]2013): *Einführung in die Religionsphilosophie*. Darmstadt: Wissenschaftliche Buchgesellschaft.

SWINBURNE, RICHARD (1987): *Die Existenz Gottes.* Stuttgart: Reclam

SWINBURNE, RICHARD (2008): *Was Jesus God?* Oxford: Oxford University Press.

SWINBURNE, RICHARD (2005): *Glaube und Vernunft*. Würzburg: Echter Verlag.

SWINBURNE, RICHARD (2005): *Gibt es einen Gott?* Heusenstamm: Ontos Verlag.

TETENS, HOLM (2015): *Gott denken. Ein Versuch über rationale Theologie*. Stuttgart: Reclam.

THOMAS VON AQUIN (1982): *Summa theologica*. Deutsch-lateinische Ausgabe. Band 1. Gottes Dasein und Wesen. Die Deutsche Thomas-Ausgabe. Graz, Wien, Köln: Styria.

THOMAS VON AQUIN ([3]1996): *Die Gottesbeweise in der* Summe gegen die Heiden *und der* Summe der Theologie. Lateinisch – Deutsch. Hrsg. von Horst Seidl, Hamburg: Felix Meiner.

THOMAS VON AQUIN (1988): *Über Seiendes und Wesenheit: De ente et essentia.* Übersetzt und hrsg. von Horst Seidl. Hamburg: Felix Meiner.

A. Weiterführende, für dieses Buch verwendete Literatur

ALSTON, WILLIAM P. (2006): *Gott wahrnehmen. Die Erkenntnistheorie religiöser Erfahrung*. Heusenstamm: Ontos Verlag

BECKERMANN, ANSGAR (2012): *Naturwissenschaft und manifestes Weltbild. Über den Naturalismus.* In: Deutsche Zeitschrift für Philosophie. Heft 1, S. 5–26.

BUCHHEIM, THOMAS ET AL. (HRSG.) (2013): *Gottesbeweise als Herausforderung für die moderne Vernunft.* Tübingen: Mohr Siebeck.

CRAIG, WILLIAM LANE (1980): *The Cosmological Argument from Plato to Leibniz.* New York: Harper and Row.

CRAIG, WILLIAM LANE (2008): *Reasonable Faith*, Wheaton: Crossway Book.

DAVIES, BRIAN (2006): *Reality of God and the Problem of Evil*. London, New York: Continuum.

DAVIES, BRIAN| STUMP ELEONORE (2012): *The Oxford Handbook of Aquinas*. Oxford, New York: Oxford University Press.

DAVIES, BRIAN (2014): *Thomas Aquinas's* Summa Theologiae. Oxford, New York: Oxford University Press.

DAWKINS, RICHARD (2008): *Der Gotteswahn*. Berlin: Ullstein.

FESER, EDWARD (2009): *Aquinas*. Oxford: Oneworld.

FESER, EDWARD (2015): *Neo-Scholastic Essays.* South Bend: St. Augustine's Press.

GANSSLE, GREGORY | WOODRUFF, DAVID M. (EDS.) (2002): *God and Time. Essays on the Divine Nature.* Oxford, New York: Oxford University Press.

GARRIGOU-LAGRANGE, REGINALD (1934): *God: His Existence and His Nature.* London: Herder.

GEISLER, NORMAN (2012): *The Big Book of Christian Apologetics: An A to Z Guide.* Grand Rapits: Baker Books.

GERSON, LLOYD P. (1994): *Plotinius.* London: Routledge.

GREDT, JOSEPH (1935): *Die aristotelisch-thomistische Philosophie. Zweiter Band: Metaphysik und Ethik.* Heusenstamm 2012: editiones scholasticae (Neuauflage).

HART, CHARLES A. (1959): *Thomistic Metaphysics. An Inquiry Into the Act of Existing.* Neunkirchen-Seelscheid 2015: editiones scholasticae (Neuauflage).

HÜNTELMANN, RAFAEL (2012): *Werden, Bewegung, Veränderung.* Heusenstamm: editiones scholasticae.

HÜNTELMANN, RAFAEL (2013): *Metaphysik.* Heusenstamm: editiones scholasticae.

HÜNTELMANN, RAFAEL (2014): *Erkenntnistheorie.* Heusenstamm: editiones scholasticae.

JOYCE, GEORGE H. (1957): *Principles of Natural Theology.* Neunkirchen-Seelscheid 2015: editiones scholasticae (Neuauflage).

KENNY, ANTHONY (1969): *The Five Ways: St. Thomas Aquinas' Proofs of God's Existence.* London: Routledge.

KERR, GAVEN (2015): *Aquinas's Way to God. The Proof in* De Ente et Essentia. Oxford: Oxford University Press.

KRETZMANN, NORMAN (1997): *The Metaphysics of Theism. Aquinas's Natural Theology in* Summa Contra Gentiles I. Oxford: Oxford University Press.

KUTSCHERA, FRANZ VON (1991): *Vernunft und Glaube.* Berlin: De Gruyter.

MACKIE, JOHN LESLIE (1982) *The Miracle of Theism.* Oxford: Oxford University Press.

MANSER, GALLUS M. (1949): *Das Wesen des Thomismus*. Heusenstamm 2011: editiones scholasticae (Neuauflage).

MEIXNER, UWE (1997): *Ereignis und Substanz. Die Metaphysik von Realität und Realisation*. Paderborn: Schöningh.

MORELAND, J.P. | NIELSEN, KAI (1993): *Does God Exist?* New York: Prometheus Books.

ODERBERG, DAVID (2007): *Real Essentialism*. London: Routledge.

ODERBERG, DAVID (2015): *Divine Premotion*. In: International Journal for Philosophy of Religion Vol. 78.

PHILLIPS, R.P. (1962): *Modern Thomistic Philosophy. An Explanation for Students. Volume 2: Metaphysics*. Heusenstamm 2013: editiones scholasticae (Neuauflage).

WEINGARTNER, PAUL (2010): *God's Existence. Can it be Proven? A Logical Commentary on the Five Ways of Thomas Aquinas*. Heusenstamm: Ontos Verlag.

PLANTINGA, ALVIN (2000): *Warranted Christian Belief.* Oxford, New York: Oxford University Press.

PLANTINGA, ALVIN (1983): *Faith and Rationality. Reason and Belief in God.* Notre Dame: Notre Dame University Press.

RAEYMAEKER, LOUIS DE (1957): *The Philosophy of Being. A Synthesis of Metaphysics*. Neunkirchen-Seelscheid 2015: editiones scholasticae (Neuauflage).

SHALLO, MICHAEL W. (1929): *Lessons in Scholastic Philosophy*. Heusenstamm 2012: editiones scholasticae (Neuauflage)

SPEER, ANDREAS (Hrsg.): *Thomas von Aquin:* Die Summa theologiae. *Werkinterpretation*. Berlin: De Gruyter.

STUMP, ELEONORE (ED.) (1993): *Reasoned Faith*. New York: Cornell University Press.